I0833464

Les démons

et comment les affronter

DAG HEWARD-MILLS

Parchment House

Sauf indication contraire, toutes les citations bibliques sont tirées de la version Louis Segond de la Bible

1. Extrait au chapitre 4, de Five *Great Evangelists*, par J. H. Armstrong. Utilisé avec la permission de Christian Focus Publications.
2. Extrait au chapitre 23, de *Snakes in the Lobby*, page 13-22, par Scott MacLeod. Copyright Scott MacLeod. Utilisé avec la permission.
3. Extrait au chapitre 24, de *The Final Quest*, page 16-19, par Rick Joyner. Copyright Rick Joyner. Utilisé avec la permission.

Copyright © 2010 Dag Heward-Mills

Titre original : ***Demons and How to Deal With Them***
Publié pour la première fois en 2005 par Parchment House

Version française publiée pour la première fois en 2010
Quatrième impression en 2015
par Parchment House

Traduit par : Professional Translations, Inc.

Pour savoir plus sur Dag Heward-Mills
Campagne Jésus qui guérit
Écrivez à : evangelist@daghewardmills.org
Site web : www.daghewardmills.org
Facebook : Dag Heward-Mills
Twitter : @EvangelistDag

Dédicace
À mon fils le prophète : ***Kakra Baiden***
Merci pour ta fidélité et le grand travail accompli a Kumasi, Ghana

ISBN : 978-9988-8487-6-7

Tous droits de traduction, de reproduction et d'adaptation réservés pour tous pays. À l'exception des analyses et citations courtes, toute exploitation ou reproduction même partielle de cet ouvrage est interdite sans l'autorisation écrite de l'auteur.

Table des matières

Chapitre 1

Le modèle ultime d'activité démoniaque

Ils arrivèrent à l'autre bord de la mer, dans le pays des Gadaréniens. Aussitôt que Jésus fut hors de la barque, il vint au-devant de lui un homme, sortant des sépulcres, et possédé d'un esprit impur. Cet homme avait sa demeure dans les sépulcres, et personne ne pouvait plus le lier, même avec une chaîne. Car souvent il avait eu les fers aux pieds et avait été lié de chaînes, mais il avait rompu les chaînes et brisé les fers, et personne n'avait la force de le dompter. Il était sans cesse, nuit et jour, dans les sépulcres et sur les montagnes, criant, et se meurtrissant avec des pierres.

Ayant vu Jésus de loin, il accourut, se prosterna devant lui, et s'écria d'une voix forte : Qu'y a-t-il entre moi et toi, Jésus, Fils du Dieu Très-Haut ? Je t'en conjure au nom de Dieu, ne me tourmente pas. Car Jésus lui disait : Sors de cet homme, esprit impur ! Et, il lui demanda : Quel est ton nom ? Légion est mon nom, lui répondit-il, car nous sommes plusieurs.

Et il le priait instamment de ne pas les envoyer hors du pays. Il y avait là, vers la montagne, un grand troupeau de pourceaux qui paissaient. Et les démons le prièrent, disant : Envoie-nous dans ces pourceaux, afin que nous entrions en eux.

Il le leur permit. Et les esprits impurs sortirent, entrèrent dans les pourceaux, et le troupeau se précipita des pentes escarpées dans la mer : il y en avait environ deux mille, et ils se noyèrent dans la mer.

Ceux qui les faisaient paître s'enfuirent, et répandirent la nouvelle dans la ville et dans les campagnes. Les gens allèrent voir ce qui était arrivé. Ils vinrent auprès de Jésus, et ils virent le démoniaque, celui qui avait eu la légion, assis, vêtu, et dans son bon sens; et ils furent

saisis de frayeur. Ceux qui avaient vu ce qui s'était passé leur racontèrent ce qui était arrivé au démoniaque et aux pourceaux. Alors ils se mirent à supplier Jésus de quitter leur territoire.

Comme il montait dans la barque, celui qui avait été démoniaque lui demanda la permission de rester avec lui. Jésus ne le lui permit pas, mais il lui dit : Va dans ta maison, vers les tiens, et raconte-leur tout ce que le Seigneur t'a fait, et comment il a eu pitié de toi.

Il s'en alla, et se mit à publier dans la Décapole tout ce que Jésus avait fait pour lui. Et tous furent dans l'étonnement.

Marc 5:1-20

L'étude de l'homme fou de Gadara se rapporte à l'étude de la pathologie de l'activité démoniaque. Vous apprendrez beaucoup de choses sur Satan et ses démons en étudiant précisément ce cas. Beaucoup s'interrogent sur la notion de pathologie. Nous nous demandons souvent pourquoi quelqu'un pourrait passer du temps à étudier des cadavres. Je ne comprenais pas en tant qu'étudiant en médecine, combien il était important pour un médecin de passer du temps à disséquer des morts. Je me disais, « une fois qu'ils sont morts, ils sont morts, qu'on les laisse tranquille ! »

Cependant, j'ai fini par comprendre que la pathologie est l'étude de l'effet des différentes maladies sur le corps humain. C'est l'étude de l'effet ultime de la maladie. En d'autres termes, pour mieux comprendre ce qui se passera si on laisse une maladie suivre son cours, il faut étudier la pathologie. Ce n'est que dans un cadavre que vous verrez l'effet ultime que les maladies ont sur un corps humain.

Par exemple, si vous disséquez le cadavre d'un homme qui est mort d'hypertension artérielle de longue date, vous remarquerez des changements dans son cœur, ses vaisseaux sanguins et ses reins. Ces changements vous aideront à comprendre comment l'hypertension affecte présentement les personnes vivant avec cette maladie.

En étudiant un cadavre, qui a subi la manifestation totale d'une maladie spécifique, les médecins apprennent beaucoup plus sur les maladies. De même, par l'étude de l'homme fou de Gadara que vous comprendrez l'effet ultime de l'activité démoniaque dans un être humain.

L'histoire du fou de Gadara, est l'étude de la plus haute forme d'infiltration démoniaque. C'est une révélation de ce que Satan aimerait faire s'il en avait l'occasion. Chaque aspect de l'existence de l'homme fou révèle une caractéristique démoniaque. Sa condition met en lumière les différents aspects du plan de Satan pour vous et moi. Si Satan pouvait faire tout ce qu'il voulait, vous et moi serions dans la même condition.

Même si la plupart des gens ne deviennent pas complètement des « fous de Gadara » , la plupart d'entre nous expérimenterons dans une moindre mesure les mêmes tendances démoniaques qui sont mises en évidence dans la vie de cet homme fou.

Le témoignage de l'homme fou de Gadara nous montre trois choses :

1. Ce que les démons voudraient vous faire s'ils en avaient l'opportunité.

2. Ce que les démons font aux gens, mais de manière progressive.

3. L'état final d'une personne en qui les démons ont eu leur pleine expression.

Tout au long de la lecture de ce livre, Dieu vous révèlera beaucoup de choses concernant les activités des démons, et comment ils vous affectent.

Quand vous aurez fini de lire, vous serez délivré de toute activité démoniaque.

Nombreux sont ceux qui pensent que le témoignage de l'homme fou de Gadara est l'histoire d'un lunatique qui appartient à un établissement psychiatrique. Ils se disent « puisque je ne suis pas fou, cette histoire ne me concerne pas » . Au contraire, ce témoignage concerne chacun de nous.

Comprendre les activités et les intentions de votre ennemi est vital pour gagner toute guerre. Si vous voulez remporter la bataille contre les mauvais esprits, vous devez savoir comment et où votre ennemi opère. Vous devez savoir ce que l'ennemi prépare contre vous.

> **Afin de ne pas laisser à Satan l'avantage sur nous, car nous N'IGNORONS PAS SES DESSEINS.**
>
> **2 Corinthiens 2:11**

Chapitre 2

Les ténèbres – la demeure des démons

...Car nous n'avons pas à lutter ... contre les princes de ce monde de TENEBRES,

Ephésiens 6:12

Les ténèbres de ce monde constituent la demeure des mauvais esprits. Les ténèbres représentent l'environnement dans lequel le mal est profus. Satan règne dans les ténèbres de ce monde. La tromperie est une forme de ténèbres spirituelles. Ceci parce que l'environnement de la tromperie est le site de reproduction des mauvais esprits.

Les ténèbres représentent simplement l'atmosphère de tromperie dans laquelle Satan opère. Notre ennemi vaincu s'irradie dans les ténèbres les plus profondes. Il n'a aucune chance lorsque nous apparaissons à la lumière. C'est la raison pour laquelle Satan déteste autant la Parole de Dieu.

Jésus est la lumière qui détruit l'influence de Satan sur les hommes. Il est la Parole de Dieu. La Parole de Dieu est une lumière qui brille dans les ténèbres. L'activité démoniaque est considérablement réduite lorsque la Parole de Dieu est enseignée.

La lumière LUIT DANS LES TENEBRES, et les ténèbres ne l'ont point reçue

Jean 1:5

La puissance de Satan contre l'église peut être comparée à plusieurs guerres et conflits dans le monde aujourd'hui. Lorsqu'une superpuissance combat contre une armée inférieure, la partie la plus faible sait souvent qu'elle n'a aucune chance dans une guerre ouverte conventionnelle. Dans ce cas, elle se cache et se bat à partir d'une position de secret, de tromperie et d'obscurité. Cela aboutit souvent à une guérilla et à des activités terroristes.

A titre d'illustration, l'armée d'Israël est bien plus supérieure à l'armée des palestiniens ; les palestiniens n'ont aucune chance contre la puissance militaire d'Israël. Israël est même appelée puissance nucléaire. Puisque la Palestine n'a aucune chance, elle à recours aux attentats suicides surprises et aux activités terroristes. Les détournements d'avions et les assassinats des membres de l'équipe olympique des Israéliens ne sont que quelques exemples du genre de guerre à laquelle se livre une armée plus faible.

Les attaques terroristes comme celle du 11 Septembre sont d'autres exemples d'une armée plus faible et plus petite qui combat contre une force gigantesque. De même, l'armée des démons ligués contre l'église, ne peut rivaliser avec la puissance de Dieu. Les armes de notre combat sont puissantes.

> **(Car les armes avec lesquelles nous combattons ne sont pas charnelles; MAIS ELLES SONT PUISSANTES, PAR LA VERTU DE DIEU, pour renverser des forteresses) ;**
>
> **2 Corinthiens 10:4**

Satan tremble à la mention du nom de Jésus. Les démons frémissent quand nous chantons au sujet du sang de Jésus. Lorsqu'ils voient le sang, ils passent par dessus. La Parole de Dieu est une épée puissante qui taille en lambeaux les anges déchus et les mauvais esprits. Dans le règne spirituel, nous sommes une puissance nucléaire qui combat contre une armée d'indigènes brandissant des épées.

Le diable n'a aucune chance contre nous, c'est la raison pour laquelle toutes ses opérations sont principalement basées sur des ruses mensongères. La Bible les appelle « les ruses du diable » . L'effort le plus important que nous devons accomplir est de dévoiler les ruses et les pièges de notre ennemi perfide.

Croyez-le ou non, l'une des ruses les plus réussies de l'ennemi est de faire croire que le diable n'existe pas. Cet étonnant mensonge a tant de succès que le diable l'a utilisé sur une multitude insoupçonnée d'Européens. La plupart des nations Européennes sont en proie à des hordes et des hordes de démons. Les trottoirs et les rues pittoresques avec des bâtiments parfaitement disposés peuvent tromper tout homme charnel et l'amener à penser que tout va bien. Je crois que l'Europe est le continent le plus plongé dans les ténèbres sur cette planète. Ce continent englobe les communautés les plus immorales et impies sur la terre. Le diable a un succès énorme en Europe parce qu'il a réussi à les convaincre qu'il n'existe pas. Sodome et Gomorrhe ont été recréés à partir de ce mensonge puissant.

Plus nos yeux sont spirituellement ouverts, plus les ruses de Satan sont exposées.

Du reste, mon fils, tire instruction de ces choses ; on ne finirait pas, si l'on voulait faire un grand nombre de livres.

Chapitre 3

La puissance de Christ combat les démons aujourd'hui

Jésus-Christ est le même hier, AUJOURD'HUI, et éternellement.

Hébreux 13:8

Jésus Christ est le même hier, aujourd'hui et éternellement. L'une des choses communes que j'ai vues sous le soleil (sur la terre), est ce qui se passe lorsque deux amis qui ne se sont pas revus depuis plusieurs années se rencontrent. Ils sourient, bavardent, et parfois vont prendre un verre ensemble.

Après un certain temps, l'un dit généralement à l'autre, « tu sais, tu n'as pas changé. Ton sourire est toujours le même, ton rire est le même » .

Il continue, « tu parles des mêmes choses. »

Il poursuit « tu parles toujours du Seigneur. Ta passion pour gagner des âmes semble ne pas avoir diminué. Tu prêches toujours dans les bus et aux croisades » .

Il est en effet pas inhabituel qu'un homme puisse rencontrer son ami après plusieurs années et dire par exemple « tu n'as pas changé, et tu manges toujours autant » .

Qu'est ce qui pousse les gens à se dire les uns aux autres « tu n'as pas changé, tu es toujours le même » ?

La réponse est simple. Quand quelqu'un fait les mêmes choses qu'il avait l'habitude de faire, on dit qu'il n'a pas changé, il est le même.

Jésus Christ est le même hier et aujourd'hui. Pourquoi est-il le même hier, aujourd'hui et éternellement ? La réponse est simple. Il fait aujourd'hui les mêmes choses qu'il faisait avant. Il y a des années, Il a guéri les malades et chassé les démons.

Aujourd'hui, Il guérit encore les malades et chasse les démons. Il y a des années, Il a visité des foyers et les a bénit. Aujourd'hui, Il visite encore nos maisons et nous bénit. Il a ressuscité les morts il y a deux mille ans et Il continue de ressusciter les morts dans le monde d'aujourd'hui. Il est le même. Acceptez-le ! Croyez-le aujourd'hui. Jésus est vivant et Il étend Ses mains vers vous pour vous secourir maintenant. Il n'a pas changé du tout.

Il aime faire les choses qu'Il a l'habitude de faire. C'est une marque du ministère de Christ. J'ai vu personnellement le Seigneur Jésus guérir les malades et chasser des démons aujourd'hui. Il n'a pas changé. Ne permettez pas au diable de vous tromper. Toutes les choses que vous avez lues dans la Bible sont réelles et se produisent encore aujourd'hui. L'une des formes les plus élevées de tromperie est de penser que la Bible n'est qu'un livre d'histoire qui décrit les miracles d'un juif fanatique qui ne correspond plus à cette société moderne et informatisée.

Il existe encore des hommes fous comme le fou de Gadara et Jésus guérit toujours ces personnes. Il y a encore beaucoup d'épileptiques, qui convulsent et bavent de la bouche. La puissance de Jésus guérit toujours de telles personnes.

Il y encore beaucoup, beaucoup de femmes ayant des problèmes gynécologiques. Il y a beaucoup de personnes aveugles dans le monde aujourd'hui. Il existe maintenant des écoles pour aveugles. Christ Jésus ouvre les yeux aveugles aujourd'hui. J'ai vu des personnes aveugles recouvrer la vue dans mon ministère. Il y a beaucoup de boiteux dans le monde. Jésus guérit encore de telles personnes.

N'est-il pas surprenant de constater que les problèmes sont toujours les mêmes ? Les fléaux auxquels l'humanité a été confrontée il y a deux mille ans sont toujours les mêmes. En dépit des avancées de la médecine, ces problèmes semblent ne pas disparaître. Il est réconfortant de savoir que Jésus est toujours un Jésus qui guérit. Pendant que vous lirez ce livre, vous pouvez vous attendre à voir la puissance de Christ affronter les puissances maléfiques de Satan dans votre vie.

Comment Jésus guérit-Il aujourd'hui ? Il guérit aujourd'hui à travers Son corps. Il est la tête et l'église est le corps de Christ. Peut importe les bonnes intentions de la tête, Il a besoin de la coopération des mains pour faire Son œuvre. Votre tête peut décider « je vais lire ce livre » mais ce sont vos mains qui vont servir à soulever le livre. Si les mains ne font pas leur part, les bonnes intentions de la tête ne pourront être réalisées.

C'est pourquoi la guérison et la délivrance des démons doivent être les activités principales de l'église associées à la prédication.

Nous sommes les mains et les pieds de Jésus aujourd'hui. Il est le même hier, aujourd'hui et éternellement. Ouvrez-lui votre vie à l'instant même pour qu'Il vous guérisse, vous touche et vous libère.

Chapitre 4

Le signe le plus courant de l'activité démoniaque

Il était sans cesse, NUIT et jour, DANS LES SEPULCRES et SUR LES MONTAGNES, criant ...

Marc 5:5

L'homme fou de Gadara était conduit par les démons à errer dans les montagnes et les cimetières abandonnés. Ce scénario effrayant poussait le pauvre homme à crier constamment. Vous pouvez ici voir que les démons aiment effrayer leurs victimes. La peur est le signe de la présence oppressante de démons.

A mon avis, le signe le plus courant de l'activité démoniaque est la peur. La présence désagréable des démons se remarque plus facilement par la présence de la peur. La plupart des types de peurs sont d'origine démoniaque ! Par la crainte, Satan est capable de maintenir la plupart des gens dans la servitude.

Et qu'il délivrât tous ceux qui, PAR CRAINTE de la mort, étaient toute leur vie RETENUS DANS LA SERVITUDE.

Hébreux 2:15

La crainte est en fait un démon. Ce n'est pas un état d'esprit ou une attitude !

Car Dieu ne nous a pas donné UN ESPRIT DE CRAINTE, mais de puissance, et d'amour, et de conseil.

2 Timothée 1:7 (J.N. Darby)

Les mauvais esprits inspirent constamment la crainte. C'est pourquoi Jésus disait constamment aux gens « ne craignez point » . Lorsque les démons ont accès à votre vie, vous aurez peur. Ils exciteront la crainte dans tout ce que vous concevez.

La race humaine entière est soumise à des craintes diverses. La peur de la maladie, la peur de la mort, la peur d'une tragédie, la peur des sorciers, la peur de la nuit, la peur du divorce et la liste continue.

Quand les gens naissent de nouveau, il leur est difficile au début de croire en quelque chose de bon. Il y a la crainte de l'église, Il y a la crainte des pasteurs, Il y a la crainte du ministère et Il y a la crainte d'être déçus. La capacité de marcher par la foi est la capacité de pouvoir marcher tout en étant libre des peurs qui nous affligent tous.

Le démon qui contrôlait le fou de Gadara, l'emmena dans un lieu effrayant et désert où tout être humain normal aurait peur d'aller. C'est dans ce lieu que le diable a conduit l'homme. Vous pouvez voir à partir de ce témoignage que parce que le diable était maître de la situation, il a placé l'homme fou dans un endroit effrayant. Aussi longtemps que le diable était au contrôle, il a maintenu l'homme dans un environnement de peur.

Lorsque les démons sont au contrôle de votre vie, vous aurez peur de beaucoup de choses. Peut-être que le diable est en train de vous projeter des images effrayantes pour vous terroriser. C'est ce qu'il a fait à l'homme fou de Gadara. Par la peur, Satan maintient beaucoup de personnes dans la servitude. Lisez le vous-même :

> **Ainsi donc, puisque les enfants participent au sang et à la chair, il y a également participé lui-même, afin que, par la mort, il anéantît celui qui a la puissance de la mort, c'est-à-dire LE DIABLE, et qu'il délivrât tous ceux qui, PAR CRAINTE de la mort, étaient toute leur vie retenus dans la SERVITUDE**
>
> **Hébreux 2:14-15**

Je me souviens être allé une fois à une réunion de prière dans les montagnes. J'avais une réunion avec plusieurs différents pasteurs. Nous devions tous arriver de différentes régions du pays, et converger vers ce lieu précis.

Il s'est trouvé que l'un des pasteurs est arrivé au lieu de la réunion avant le reste d'entre nous. A la tombée de la nuit, nous n'étions toujours pas arrivés. Comme il faisait plus sombre, ce pasteur prit peur. Il avait peur d'être seul dans la maison parce que c'était une maison isolée dans la montagne. Lorsque nous sommes finalement arrivés au lieu, nous avons réalisé qu'il avait quitté la maison. Nous l'avons retrouvé plus tard et Il a dit « je vous assure, je n'aurais jamais pu rester tout seul dans cette maison. C'est trop effrayant d'être ici tout seul » il semblait secoué mais soulagé de nous avoir vus.

Je me suis dis « L'homme fou de Gadara a été conduit par le diable dans une montagne abandonnée pour y être livré à lui-même » . Non seulement il était dans la montagne mais parmi les morts. Le diable le faisait vivre en fait dans le cimetière. Tel est le souhait de Satan pour vous et moi – nous amener à expérimenter la plus grande peur. Il veut que nous vivions dans une crainte perpétuelle. Presque tous les Chrétiens nourrissent une peur d'une forme ou d'une autre. Cette peur nous hante, nous influence et nous dirige.

Il n'est pas agréable de se retrouver dans un cimetière, même pendant la journée. Je me souviens qu'il y a quelques années, je rendais témoignage à mon beau-frère. Ce dernier ne m'aimait pas parce que je lui avais dit qu'il irait en enfer s'il refusait de se repentir. Il était très fâché contre moi.

Malheureusement pour moi, j'ai dû monter en voiture un jour avec lui dans la nuit. Je pensais qu'il me conduirait directement à l'école où je fréquentais, mais à mon grand étonnement, lorsque nous sommes arrivés au cimetière, il m'a déposé juste devant à minuit ! Je vous assure, je n'étais pas du tout content d'être au cimetière à cette heure de la nuit.

Cela devrait vous dire à quel point Satan et ses démons sont méchants. Si le diable le pouvait, il vous mettrait dans un cimetière et vous forcerait à vivre au milieu des morts. Il est réconfortant de savoir que le diable ne peut pas faire tout ce qu'il veut de votre vie. Si Satan avait un accès total à nos vies, nous serions tous transformés en hommes fous vivant dans la peur et l'isolation.

Permettez-moi de vous poser cette question aujourd'hui. Quelles sont les craintes qui vous contrôlent ? Si vous êtes rempli de crainte, souvenez-vous que vous êtes totalement sous une influence démoniaque. Je ne saurais trop souligner à nouveau que la peur n'est pas juste une idée. Il s'agit d'un démon. La présence de toute forme de peur est un signe d'activité démoniaque. Si vous avez peur de vous marier à cause de couples en difficulté autour de vous, je peux vous comprendre. Toutefois, la présence de la peur reste toujours l'œuvre des mauvais esprits dans votre vie.

Les trois effets du démon de la peur

Il y a trois effets du démon de la peur. Ceux-ci sont énoncés en 2 Timothée 1:7. La Bible nous enseigne que Dieu nous a donné l'esprit d'amour, de force et de sagesse pour remplacer l'esprit de peur. Par conséquent, ceux qui ont l'esprit de peur sont incapables d'aimer, ils n'ont pas de force, ni de sagesse.

1. La peur ôte la sagesse

Lorsque vous êtes possédé par la peur, vous vous comportez de manière anormale. Je me souviens qu'un jour, je suis allé au port avec un groupe d'enfants pour visiter un navire. Malheureusement, l'un des enfants avait très peur des bateaux. Elle hurlait et hurlait et refusait de sortir de la voiture. Finalement, nous avons dû la laisser dans la voiture avec une personne pour s'occuper d'elle. L'enfant était complètement contrôlée par la peur des navires. En un sens, cette enfant semblait anormale comparée aux autres enfants. Les autres enfants étaient heureux et excités par la sortie, mais elle était malheureuse et paralysée par la peur.

C'est ce qui nous arrive quand nous sommes contrôlés par la peur. La peur nous rend bizarres et anormaux. Les mauvais esprits contrôlent beaucoup de femmes. Elles sont incapables de se marier à cause de la peur d'être déçues et du contrôle que le mariage exerce sur leur vie. Les femmes qui ne sont pas contrôlées par ces peurs se marient facilement. Les autres observent de loin et se demandent comment quelqu'un peut entrer dans un tel arrangement.

Je me souviens d'une belle dame qui était une chrétienne dont les parents avaient divorcé quand elle avait environ douze ans. Il semble que cette expérience l'avait tellement traumatisée en tant que petite fille qu'elle ne pouvait pas se marier. Beaucoup d'hommes jeunes, beaux, responsables et spirituels ont voulu épouser cette jeune dame, mais à plusieurs reprises, elle a décliné leurs propositions. Elle pouvait commencer une relation avec ces frères mais y mettait fin sans aucune raison substantielle.

Un jour je lui ai demandé pourquoi elle avait rompu avec un homme de Dieu assez distingué. Elle ne pouvait donner une raison concrète. Quand je lui ai dit qu'elle souffrait de la peur et de l'orgueil, elle s'est fâchée contre moi ! Depuis ce jour, il m'a été impossible de lui parler de mariage. Aux dernières nouvelles, elle était encore célibataire et approchait la ménopause.

C'est seulement la peur qui peut rendre une belle fille « anormale » (comparée aux autres dames). Je ne dis pas qu'il est anormal de ne pas se marier, mais par rapport à la plupart des autres filles de sa classe d'âge, cette dame paraissait un peu étrange.

La peur enlève toute valeur à votre jugement. La peur peut vous transformer en une personne folle. La peur peut vous amener à adopter un comportement bizarre et personne ne vous comprendra. Lorsque l'esprit de Dieu est sur vous, la peur vous quitte. Les choses effrayantes que nous voyons autour de nous ne peuvent pas nous contrôler.

Je connais un couple qui s'est marié un Samedi. Malheureusement, le marié est décédé deux jours après son mariage. Je connais une dame dont le mari est mort quelques mois après leur mariage. Ce sont des expériences terribles que nous rencontrons dans notre entourage. Si nous devions suivre ces craintes, nous serions paralysés et incapables de fonctionner.

Il y a des tragédies de toutes sortes partout. Les avions s'écrasent et les voitures font des accidents tout le temps. Le gens meurent partout et dans des circonstances horribles. Il m'était difficile de prendre l'avion après l'attaque terroriste du 11 Septembre. Cependant, j'ai réalisé que si je devais laisser la peur me contrôler, mon ministère deviendrait anormal. Je serais un homme incapable de s'asseoir dans un avion. Il me faudrait alors voyager de l'Afrique de l'Ouest en Europe en voiture ou à vélo. Imaginez cela !

J'ai eu des accidents de voiture terrifiants. Si je devais suivre de telles peurs, il me faudrait marcher pour aller partout. L'Esprit de Dieu donne un bon jugement. L'esprit de peur ôte la valeur à notre capacité de juger. Ne marchez pas dans l'esprit de peur.

Souvenez-vous que la peur est un démon et quiconque suit un démon ne réussit jamais. Rappelez-vous toujours que la peur est le signe de la présence de démons.

2. La peur produit l'impuissance

Lorsque la peur s'empare de vous, vous êtes paralysé et incapable de faire ce que Dieu vous demande de faire. Lorsque je débutais dans le ministère, j'avais peur de ne pas y arriver. La peur vous dépouille de votre force ! « Et si cela ne marche pas ? Et si elle meurt ? Et s'il a le cancer ? Et si elle est stérile ? » Il y a beaucoup de choses à craindre. Ces peurs vous paralysent et vous rendent incapable de faire la volonté de Dieu.

Allez dans la direction opposée à celle que la peur vous indique. C'est la solution pour vaincre la peur. Faites le contraire de vos craintes, je sais que la peur est un mauvais esprit, je ne dois pas me laisser contrôler par les mauvais esprits !

3. La peur détruit l'amour

J'ai appris il y a longtemps que toute personne qui me craint ne m'aime pas.

> **La crainte n'est pas dans l'amour, mais L'AMOUR PARFAIT BANNIT LA CRAINTE ; car la crainte suppose un châtiment, et celui qui CRAINT N'EST PAS PARFAIT DANS L'AMOUR.**
>
> **1 Jean 4:18**

La peur détruit l'amour. Cela se manifeste par la suspicion et l'incertitude. Si les membres de mon église se méfient de moi, ils ne m'aiment pas. S'ils me soupçonnent constamment de mal, ils ne m'aiment pas. La peur détruit l'amour et c'est la raison pour laquelle que l'amour parfait bannit la crainte. Un partenaire craintif détruit toujours la relation « mari et femme » . Les craintes et l'insécurité de l'un des partenaires peuvent provoquer une rupture totale du mariage. La peur peut générer la suspicion, les accusations et les contre-accusations. Le foyer est transformé en tribunal où le premier accusé doit constamment se défendre et justifier chacun des ses mouvements. Il n'est pas facile d'être dans le box des accusés. La peur n'est pas un substitut pour l'amour.

La peur attaque souvent les personnes les plus belles et les plus bénies. Ces gens possèdent tout sauf le bonheur. Ils ont peur de perdre ce qu'ils ont. Ce fut le cas de Job ! Il possédait tout et était super-béni mais il avait peur. Lorsque le malheur l'a finalement frappé il a confessé qu'il avait toujours été un homme craintif.

CE QUE JE CRAINS, c'est ce qui m'arrive ; Ce que je redoute, c'est ce qui m'atteint.

Job 3:25

Chère soeur, vous ne pouvez pas amener votre époux à vous aimer quand vous êtes totalement contrôlée par l'insécurité ! Vous êtes en train d'inviter un esprit méchant appelé la crainte dans votre foyer !

L'épouse de John Wesley, par exemple était une femme bénie pour avoir épousé l'un des Chrétiens les plus engagés de tous les temps. Cependant elle semblait être obsédée par un esprit de peur et d'insécurité. Elle ne pouvait supporter le fait que John Wesley exerce le ministère envers d'autres femmes à travers des lettres. À un stade, ce grand fondateur a dû plaider auprès de sa femme pour être un ami et pour ne plus le soupçonner ni l'accuser injustement (diffamer). Remarquez à partir de ce récit, comment John Wesley a supplié sa femme de ne plus le soupçonner.

Mais laissez-moi être votre ami, ne me soupçonnez plus; ne me dénigrez plus; ne me provoquez plus. Ne luttez plus pour

> *la maîtrise, pour le pouvoir, l'argent ou les éloges ... Ne tentez plus de me retrancher la liberté que je réclame par Dieu et l'homme.*

Cet esprit de crainte cherche à avoir le contrôle et à diriger tous les domaines de la vie de ses victimes. L'amour de certaines personnes est tellement intense qu'il se manifeste par la crainte et l'autoconservation. L'esprit de crainte qui agissait à travers le l'épouse de John Wesley essayait de diriger et de contrôler son ministère. John Wesley a de nouveau écrit à sa femme pour lui demander de laisser Dieu et sa conscience le contrôler. En d'autres termes, il ne voulait pas être contrôlé par un esprit de crainte mais par Dieu.

> *Laissez-moi être contrôlé par Dieu et ma propre conscience, alors je serai doux envers vous, et je vous montrerai que je vous aime vraiment, comme le Christ aime l'église.*

La fin de cette histoire est que le mariage de John Wesley a été brisé. Au contraire de l'amour, la crainte brise les mariages. La crainte est un mauvais esprit. La présence de la crainte est le signe le plus commun de la présence de démons. Traditionnellement, la crainte n'a jamais été étiquetée comme une chose très mauvaise. Elle est plutôt perçue comme une faiblesse à laquelle certains sont enclins. Ne vous y trompez pas cher ami, la crainte est la plus haute forme d'attaques démoniaques qu'une personne puisse expérimenter. La crainte a le pouvoir de changer complètement le cours de votre vie si vous le lui permettez.

Quelques jours avant que je ne voie le premier mort ressuscité dans mon ministère, j'ai été attaqué par un esprit de peur. Ce mauvais esprit a tenté de me détourner de la croisade au cours de laquelle je devais prêcher. Je n'aurais jamais connu cette dimension de la grâce de Dieu si j'avais obéi à cet esprit de crainte. Que la puissance de Dieu vous affranchisse de tout esprit mauvais de crainte.

Du reste, mon fils, tire instruction de ces choses ; on ne finirait pas, si l'on voulait faire un grand nombre de livres.

Chapitre 5

Les démons font faire des choses contre nature

...avait sa demeure dans les sépulcres

Marc 5:3

...il ne portait point de vêtement, et avait sa demeure non dans une maison, mais dans les sépulcres

Luc 8:27

Les démons qui contrôlaient l'homme fou de Gadara lui faisaient faire des choses anormales. Ce n'est pas naturel de vivre dans un cimetière. Ce n'est pas normal pour un adulte de ne pas porter de vêtements.

Le témoignage du fou de Gadara nous montre que lorsque Satan a une emprise ultime sur un être humain, il l'amène à faire des choses contre nature.

Les actes contre la nature et contre le plan de Dieu sont souvent d'origine démoniaque. Il n'est pas naturel pour toute personne de vivre dans les tombes des morts. Il est même plutôt effrayant de demeurer près des morts.

Je me souviens quand l'un de mes pasteurs a emménagé dans sa nouvelle maison. Je lui ai rendu visite dans sa nouvelle maison. Après qu'il m'ait fait faire le tour, j'ai dit « C'est une belle maison » .

Il a répliqué, « Mais j'ai un problème. »

Je lui ai demandé « Quel est le problème ? »

Il m'a répondu, « je partage un mur avec un cimetière, il y a des tombes juste derrière mon mur et cela me dérange. »

J'ai tout de suite compris le frère parce que je n'aimerais pas vivre à côté d'un cimetière.

Toutefois, remarquez que le fou de Gadara était amené à vivre seul dans le cimetière et parmi les tombes. C'est un exemple qui montre comment Satan amène ses victimes à vivre de manière anormale.

L'homosexualité est un bon exemple de phénomène contre nature. Cela est contraire au plan de Dieu. Dieu a créé Adam et Eve (et non Adam et Steve). Malgré toutes les théories avancées par les activistes gays, il est impossible de trouver un seul animal créé par le Seigneur qui soit homosexuel en nature. Je n'ai jamais entendu parler de chiens, chats, grenouilles ou chevaux homosexuels. Le pénis a été conçu pour pénétrer naturellement dans le vagin et non dans un rectum rempli d'excréments.

L'homosexualité est un acte contre nature et l'une des conséquences malheureuses de l'activité démoniaque. Bien sûr, nous ne condamnons pas les homosexuels. Ils ont été créés par Dieu et Christ est mort pour nous tous. Ceux d'entre nous qui ne sommes pas des homosexuels, pouvons avoir dans nos vies des perversions bien pires pour lesquelles nous avons besoin de la grâce de Dieu.

De nos jours, il y a des sites web pour ceux qui veulent avoir des rapports sexuels avec des animaux tels que les chiens, serpents, chevaux etc. Il y a des femmes qui ont des chiens spécialement entraînés pour avoir des rapports sexuels avec elles. Toutes ces choses sont des formes de perversions misérables et contre nature. Les origines de ce comportement déshumanisant sont démoniaques. Y a-t-il quelque chose qui va à l'encontre de la nature dans votre vie ? Ces tendances pourraient vous être dictées par des démons.

Chapitre 6

La folie

...l'homme de qui étaient sortis les démons, assis à ses pieds, vêtu, et DANS SON BON SENS ; et ils furent saisis de frayeur.

Luc 8:35

L'homme de Gadara était fou. Il vivait dans un cimetière parmi les tombes. Il était complètement aliéné. Les psychiatres auraient aimé l'avoir comme une étude de cas. C'est seulement après que Jésus l'ai délivré que son entendement est devenu normal.

Il existe plusieurs formes de désordres psychiatriques. Le commun des mortels pense habituellement que tous les malades mentaux sont des « fous » . Cependant, il existe plusieurs formes maladies mentales.

Par exemple, il existe des troubles de l'anxiété, les troubles de douleur chronique, les troubles psychosexuels, les troubles de personnalité, etc. Les plus graves sont les troubles de l'humeur, qui comprennent la dépression, la manie et la schizophrénie.

Concernant la dépression

Au cours de la dépression, il y a une baisse d'humeur qui peut varier d'une tristesse calme à un profond sentiment de culpabilité, de dévalorisation et de désespoir. Il y a aussi une perte d'intérêt général, accompagnée d'une faible implication dans le travail et les loisirs. Il est difficile de penser, et cela se traduit aussi par l'incapacité à pouvoir se concentrer et par une indécision. Dans la dépression, il y aussi des plaintes physiques apparentes telles que les maux de tête, un sommeil perturbé, diminué ou excessif et une perte d'énergie. Il peut se produire un changement d'appétit avec une baisse de la pulsion sexuelle. Dans les cas de dépression sévère, les gens sont souvent suicidaires.

Le niveau le plus elevé de maladie mentale

La plus haute forme de maladie mentale est ce qu'on appelle la schizophrénie. C'est une maladie grave, que mon professeur à l'école de médecine décrivait par « folie ». Il avait l'habitude de dire « Ces gens sont fous » . L'homme de Gadara avait un problème de schizophrénie. Je pensais que tous ceux qui sont dans les établissements psychiatriques étaient « fous » . Mais avec le temps, j'ai compris que certains patients étaient « plus fous » que d'autres.

Le Seigneur m'a amené à étudier de plus près les symptômes de ces soi-disant fous.

Les deux symptômes fondamentaux sont :

1. Les délires paranoïdes (craintes)

2. Les hallucinations (accusations)

Les délires paranoïdes

Les délires sont des croyances (ou craintes) qui sont entretenues par l'individu en dépit des preuves contraires. Chez une personne souffrant de ces idées délirantes, vous remarquerez un mode de pensée.

Ces gens sont préoccupés par le comportement prétendument menaçant présenté par d'autres individus. Le délire paranoïde provoque chez le gens des peurs qui n'existent pas. "Paranoïa" signifie "peur" . Les délires paranoïdes sont des illusions dans lesquelles la personne a peur de quelque chose. Ces gens sont paralysés ou motivés par des craintes terribles qui semblent si réelles. Cette forme de pensée peut pousser certains patients à prendre des mesures actives de protection telles que verrouiller les portes et fenêtres, prendre les armes, devenant les ennemis de véritables amis.

Hallucinations accusatoires

L'autre signe principal de la schizophrénie se traduit par des hallucinations auditives (accusations). Au cours de ces hallucinations, l'individu entend et voit des choses irréelles.

Ces hallucinations (accusations) ont souvent un caractère dévalorisant. En d'autres termes, la personne entend des gens l'accuser, l'insulter et dire des choses désobligeantes à son sujet. L'accusateur des frères est à l'oeuvre !

Ces deux groupes de symptômes : les délires paranoïdes (CRAINTE) et les hallucinations auditives dépréciatives (ACCUSATIONS), définissent assez clairement la schizophrénie (FOLIE). Autrement dit, les craintes et les accusations sont des armes clés de l'ennemi. Vous êtes-vous déjà demandé pourquoi Satan est appelé « l'accusateur des frères » ?

Grâce à la puissance de la peur et des accusations, Satan est capable de changer des gens normaux en fous. Satan élimine également les gens à travers ces deux armes. Par exemple, il a utilisé les armes de peur et d'accusations pour éliminer Christ et L'envoyer à la croix.

J'ai relevé ce point afin de vous montrer deux techniques puissantes du diable quand il prend le contrôle de la vie de quelqu'un : Les techniques de délires et d'hallucinations accusatoires (craintes et accusations) !

Quand Satan peut agir librement, il va tromper totalement. Il va paralyser par la peur, Il va accuser, insulter et critiquer parce que c'est sa nature. Ces deux armes constituent la base de la plus haute forme d'activité démoniaque lancée contre les êtres humains. La peur et les accusations sont les maîtres mots de la présence de Satan. Cette vérité est soutenue dans la vie de Jésus-Christ.

Quand Satan a attaqué Jésus-Christ

Jésus Christ a été l'objet de la plus haute forme d'attaque satanique. Il a souffert directement des délires paranoïdes (peurs) des Pharisiens. Les Pharisiens craignaient Jésus.

> **Les principaux sacrificateurs et les scribes, l'ayant entendu, cherchèrent les moyens de le faire périr ; CAR ILS LE CRAIGNAIENT, parce que toute la foule était frappée de sa doctrine**
>
> **Marc 11:18**

Ils craignaient Son ministère, Sa puissance et Son autorité. Ils ont été motivés par la peur et la tromperie jusqu'à ce qu'ils L'aient éliminé. Il a expérimenté directement leurs accusations désobligeantes et injurieuses. Jésus a été arrêté et traité comme un voleur. Il a été insulté et accusé sans cesse, jusqu'à ce qu'Il cesse de respirer sur la croix. C'est la plus haute forme d'attaque satanique perpétrée contre les messagers de Dieu. Assurez-vous de ne jamais devenir un agent des délires paranoïdes et d'accusations.

Les deux titres illustres de Satan sont le « père du mensonge » (Jean 8:44) et « l'accusateur des frères » (Apocalypse 12:10). Il est décrit comme « ce serpent ancien qui séduit toute la terre » .

Il est important pour les chrétiens de ne pas imaginer la nature et l'activité de Satan, mais de croire ce que dit la Bible. La tâche principale de Satan consiste à tromper et à accuser !!!

Par les accusations et les critiques, Satan est capable de retourner des frères les uns contre les autres. Il est l'accusateur au milieu des frères. Il est l'accusateur dans l'église. À cause des activités de l'accusateur, nous nous retournons les uns contre les autres et nous détruisons les uns les autres ! Les accusations produisent la culpabilité, la confusion, la haine, la pression, des réactions erronées et des contre-accusations. Les accusations causent des distractions et font dévier une puissante armée de sa véritable mission.

Les délires sont les plus hautes formes de tromperies. Une tromperie dont personne ne peut se départir, est une illusion. L'église œuvre sous la pression d'idées délirantes fortes. L'illusion de ce que l'argent n'est pas, a égaré beaucoup de gens. L'illusion de la quête humaine dans l'accomplissement de soi a conduit une grande partie de l'église dans la tromperie. Malheureusement, dans le monde, ce qui est bon est montré comme mauvais et le mal comme bien. Le noir est appelé blanc et le blanc est appelé noir.

Ne soyez pas un agent d'accusation ! Lorsque vous accusez et critiquez, vous êtes employé par Satan lui-même. Vous êtes utilisé pour diviser l'église et susciter la haine là où il devrait avoir l'amour. La plus grande attaque de l'ennemi contre l'Église ne vient pas de l'extérieur, mais de l'intérieur.

Une illusion erronée et zélée de l'autojustification est le fondement de toutes les accusations dans l'église. Rappelez-vous que ce sont les pharisiens (des hommes religieux zélés et pétris d'erreurs), qui résistaient et accusaient Christ constamment. Ils L'ont conduit à la croix et éliminé le plus saint, le plus cher et le meilleur ! Par la puissance de l'accusation, ils ont détruit le plus beau cadeau de Dieu. Vous n'avez aucune idée de ce que vous êtes probablement en train de détruire par vos critiques et vos accusations. Vous pourriez détruire une église entière par vos accusations.

Ne soyez pas un agent d'illusions. Les paroles du Christ sont les paroles de Dieu. Aucune doctrine particulière ou aucun enseignement ne peut remplacer Christ Lui-même. Il est le Chemin, la Vérité et la Vie. Il est de notre intérêt de revenir aux paroles prononcées par Jésus. C'est le moyen le plus sûr pour nous préserver des illusions.

Les délires paranoïdes (peur) et des hallucinations auditives (accusations), causent ultimement la folie. C'est la plus haute forme de maladie mentale humaine. C'est en effet le niveau le plus élevé d'affliction démoniaque. Partout où Satan est présent, les accusations, les délires et les craintes abondent. L'homme fou de Gadara qui, à mon avis représente un cas typique de la plus puissante forme d'expression démoniaque, a subi clairement de ces deux armes sataniques.

Une église qui fourmille d'accusations et de délires ressemblera à une maison de fous. Le monde nous observe avec stupéfaction nous battre entre nous et propager des fausses doctrines sur Dieu.

Que nous soyons délivrés de cette folie. Que le Seigneur nous libère des illusions, des craintes et des accusations !

Chapitre 7

Satan essaie de vous tuer

...Il était sur les montagnes..., se meurtrissant avec des pierres.

Marc 5:5

La légion de démons poussait l'homme fou de Gadara à se tailler avec des pierres. Cet acte aurait pu finalement le tuer. Ceci démontre que le but ultime de Satan dans la vie de cet homme était de le tuer. Satan est appelé meurtrier. Satan est le meurtrier qui tente de mettre fin à votre vie si vous lui donnez une chance.

Vous avez pour père le diable, et vous voulez accomplir les désirs de votre père. IL A ÉTÉ MEURTRIER DÈS LE COMMENCEMENT...

Jean 8:44

Il est important pour tout chrétien de comprendre que Satan tente de le ou la tuer. Il cherche à vous éliminer de la surface de la terre. Toutefois, il est bon de savoir que Satan ne peut pas faire tout ce qu'il veut faire. La Bible dit « ne donnez pas accès au diable » . Tant que vous ne donnez pas accès au diable, il ne peut rien contre vous. Satan a besoin d'un point d'ancrage pour pouvoir vous attaquer.

Le voleur vient seulement ...POUR TUER...

Jean 10:10

J'ai vu que Satan essayait de me tuer. Il a tenté de me tuer dans un accident d'avion. J'ai été dans deux avions différents qui se sont presque écrasés à l'atterrissage. L'un était à l'Aéroport de Heathrow à Londres et l'autre à l'Aéroport International de Kotoka à Accra au Ghana. A l'Aéroport d'Accra, notre avion (KLM) est presque entré en collision avec une voiture et notre pilote a dû décoller à nouveau pour éviter le choc. A l'Aéroport de Heathrow, notre avion (KLM) a failli heurter un autre avion sur la piste. La rapide réaction du pilote qui a décollé à nouveau quelques secondes avant de se poser, nous a évité ainsi une collision frontale.

Dans les deux cas, le Seigneur a épargné ma vie et m'a permis de continuer Son œuvre sur terre. En 1997, alors que je conduisais dans le nord du Ghana, j'ai été impliqué dans un terrible accident de voiture et ma voiture a quitté la route, fait plusieurs tonneaux et s'est retrouvée dans les buissons. Encore une fois, la grâce de Dieu a préservé ma vie. Je suis sorti du véhicule sans aucune blessure.

J'ai également subi des attaques venant du gouvernement. Il fut un temps où je devais être gardé par des policiers armés. Je me souviens qu'une nuit, j'ai été escorté à la maison par un convoi de huit voitures. Le stress et la maladie ont failli une fois m'anéantir. Une fois encore, le Seigneur m'a sauvé la vie.

Tout serviteur de Dieu doit être conscient de cette réalité. Vous devez prendre toutes les mesures pour empêcher le diable d'avoir accès à votre vie. Lorsque vous prenez position pour le Seigneur, vous devez comprendre que vous êtes une cible pour l'ennemi. La dernière bataille du roi Akab illustre ce fait. Les instructions de l'ennemi étaient très précises, « N'attaquez pas les soldats ni les officiers, attaquez seulement le roi d'Israël. » En d'autres termes, ne vous occupez de personne d'autre et attaquez seulement le roi.

Les gens critiquent le chef alors qu'il éprouve les attaques au nom de tout le monde.

> **Or, le roi de Syrie a donné cet ordre aux 32 hommes qui commandent ses chars de guerre : « N'attaquez pas les soldats ni les officiers, ATTAQUEZ SEULEMENT LE ROI d'Israël » .**
>
> **1 Rois 22:31**

Le roi d'Israël, qui représentait le chef des armées de l'Eternel, savait qu'il était la cible principale de l'ennemi.

L'arbre sur le terrain de golf

Il y quelques temps, je me promenais sur un terrain de golf et j'ai reçu une instruction de la part du Seigneur. J'ai remarqué un arbre énorme près duquel j'étais passé plusieurs fois. En observant attentivement le tronc et les branches, j'ai remarqué des centaines de cicatrices sur l'arbre. J'ai dit au Révérend Sackey (mon pasteur assistant principal), « As-tu remarqué les cicatrices sur cet arbre ? Il a été frappé par des milliers de balles » . Encore une fois, je reçus une instruction du Seigneur, « Cet arbre n'est pas blessé et meurtri parce qu'il est mauvais ! Il n'est pas dans cet état parce qu'il est mau- vais ! Il a subi d'innombrables coups et chocs seulement en raison de sa position au centre du parcours.

Beaucoup de gens sont les cibles d'attaques sataniques à cause de leur position dans le combat. Ce sont de bonnes personnes qui aiment le Seigneur. Cependant de par leur fonction en tant que pasteur et serviteurs de l'Évangile, ils subissent de nombreuses attaques de la part de l'ennemi. Ils sont souvent critiqués à cause de leurs nombreux problèmes apparents. Après vingt ans de ministère, une épouse de pasteur a dit à son mari « *mais toi, quand auras-tu la paix ?* »

Ne vous y trompez pas cher ami, beaucoup de ces vaillants guerriers seront récompensés par le Seigneur dans l'éternité.

Fermez tout accès et empêchez l'ennemi d'avoir une emprise dans votre vie.

La table à trois pieds

Parfois, il y a des choses que vous devez faire pour briser l'emprise du diable.

Un jour, pendant que je priais au Seigneur concernant certaines choses qui se passaient dans ma vie et mon ministère, le Seigneur m'a donné une vision. J'ai vu une table insolite à trois pieds. Le Seigneur me dit « le diable se tient sur cette table à trois pieds pour lancer une attaque contre toi. » Il m'a dit, « tu dois démonter cette table en enlevant chacun de pieds. » Puis il m'a montré ce que représentait chacun de ces pieds et m'a demandé de les enlever un à un. Quand j'ai obéi, j'ai remarqué que les fortes attaques persistantes de l'ennemi avaient cessé.

Parfois, Satan se saisit avec joie de certaines circonstances et il s'en sert contre vous. Il lance attaque sur attaque à partir de cette position. Ôtez la plateforme de lancement favorite de l'ennemi de votre vie et Dieu vous accordera la victoire sur le plan de Satan qui vise à vous tuer.

Peut être que beaucoup de serviteurs de Dieu meurent avant leur temps à cause du stress, d'une mauvaise alimentation et d'un manque d'exercice. Ces choses peuvent être les rampes de lancement de Satan. L'introduction de certaines mesures pratiques pourrait mettra fin aux attaques. Sans l'intervention de Jésus, le fou de Gadara aurait péri dans la montagne et rejoint les morts dans les tombeaux.

Puissiez-vous expérimenter une intervention divine dans votre vie !

Chapitre 8

Satan veut vous isoler

...non dans une maison, mais dans les sépulcres.

Luc: 8:27

L'isolement est l'une des stratégies démoniaques fondamentales. Le fou de Gadara était isolé dans la montagne et dans les tombeaux. Il marchait et vivait dans la solitude, n'ayant personne à qui parler. Les démons qui le possédaient s'assuraient qu'il était isolé dans les sépulcres.

Il est important pour Satan de pouvoir vous isoler s'il veut pleinement mettre en œuvre son plan contre votre vie. Le diable est décrit comme un lion rugissant, cherchant qui dévorer.

Soyez sobres, veillez. Votre adversaire, le diable, rôde COMME UN LION RUGISSANT, cherchant qui il dévorera.

1 Pierre 5:8

Êtes-vous un cerf solitaire ?

Il vous suffit de regarder un documentaire animalier et vous comprendrez comment le diable opère. Tout ce que le lion souhaite, c'est trouver une antilope ou un cerf solitaire. Même en tant que pasteur, j'ai appris à ne pas vivre dans l'isolement.

La Bible enseigne que NOUS avons la pensée de Christ. La pensée de Christ n'appartient pas à un pasteur ou à un groupe de pasteurs en particulier. Tous ensembles nous avons la pensée de Christ. C'est pourquoi nous avons besoin les uns des autres.

Car qui a connu la pensée du Seigneur, pour l'instruire ? Or NOUS, nous avons la pensée de Christ.

1 Corinthiens 2:16

Toute personne qui s'isole s'expose elle-même à des tromperies et aux délires. La plus haute forme de tromperie est de penser que vous n'avez besoin de personne. Nous avons besoin les uns des autres et Satan le sait. C'est la raison pour laquelle il essaie de nous tenir éloignés les uns des autres. J'ai obtenu mes plus grandes avancées dans le ministère en me rapprochant de différents serviteurs de Dieu. Les échanges avec tous les enfants de Dieu n'ont été que des bénédictions pour moi.

Malheureusement, les luttes, l'amertume et l'orgueil ont fragmenté l'église en plusieurs segments isolés. L'Église Américaine apprend rarement de l'église Nigériane. Et l'église Nigériane apprend rarement de l'église du Malawi. L'église Occidentale n'apprend rien de l'église Africaine. Et l'église d'Asie est pratiquement coupée de l'église Sud-Américaine.

Au cours de mes voyages sur les différents continents, j'ai reçu beaucoup de bénédictions de la part des différentes parties de L'Église. Avez-vous remarqué que la première étape quand les membres de l'église sont en train de rétrograder est de s'éloigner de la communauté ?

J'ai observé les serviteurs de Dieu se débattre dans leurs coins isolés. Je savais combien leur ministère pouvait changer radicalement, si seulement ils échangeaient avec le reste d'entre nous. L'isolement est une stratégie démoniaque principale que l'église doit combattre.

Que le Seigneur puisse nous garder unis dans un seul Corps.

Chapitre 9

Les démons aident à s'autodétruire

...se meurtrissant avec des pierres.

Marc 5:5

L'homme fou de Gadara, complètement sous l'influence de Satan, se taillait avec des pierres. Il s'autodétruisait systématiquement avec des pierres. C'est une manifestation très importante de la présence de Satan : l'autodestruction. Il y a de nombreuses maladies démoniaques et sataniques qui sont autodestructrices.

Les maladies telles que l'asthme sont des réactions excessives du corps à des corps étrangers, qui ont pour effet l'autodestruction. Le corps se tue lentement en essayant de se protéger contre ces corps étrangers.

Le manque de pardon est une forme de cette emprise. Beaucoup ne comprennent pas pourquoi l'amertume est autodestructrice. En gardant la douleur et les peines, beaucoup de personnes s'autodétruisent. Les démons nous encouragent à garder en nous du ressentiment et à nous venger de tous ceux qui nous font du mal. Dieu nous pardonnera tout péché que nous commettons, mais Il ne nous pardonnera pas si nous refusons de pardonner aux autres. Beaucoup ne sont pas conscients qu'en entretenant de la rancœur, nous nous détruisons lentement. Il n'y a rien de plus autodestructeur que l'amertume et les peines. J'ai vu beaucoup de personnes s'autodétruire en gardant en eux de la rancune et des blessures.

Les grands empires de ce monde ont rarement été détruits à partir de l'extérieur. L'effondrement venait toujours de l'intérieur. Des querelles amères, luttes internes et divisions politiques sont toujours à l'origine de la chute de ces grands empires du monde. L'histoire de la cinquième colonne est bien connue.

Il y avait un général d'armée qui avait encerclé une grande ville dans le but de la conquérir. Cette ville était lourdement fortifiée avec une muraille et des portes hautes et imposantes. Le général d'armée avait assiégé la ville et était prêt à l'attaquer.

Un des amis du général est venu et lui a demandé « Général, comment allez-vous faire pour vaincre les défenses de cette ville ? Personne dans l'histoire récente n'a pu conquérir cette grande ville » .

Le général d'armée a souri et dit « C'est ma 5ème colonne. Je compte sur eux pour réaliser cet exploit. » . L'ami du général semblait très intéressé et demanda « Quelle est cette 5ème colonne ? Il me semblait que vous n'aviez que quatre colonnes. »

Le général d'armée a répliqué, « j'ai effectivement une 5ème colonne » .

« Ah je vois, c'est une unité spéciale de commandos ou alors ce sont les troupes aéroportés ? » L'homme a demandé. Le général a ri, « Non ce n'est rien de tout cela. Ma cinquième colonne est composée de mes espions, agents, amis et sympathisants qui sont déjà à l'intérieur de la ville. Attends simplement. Ils vont ouvrir m ces grandes portes de l'intérieur et mes armées se rueront à l'intérieur. »

Détruire l'église de l'intérieur

L'église ne peut être détruite par aucune force extérieure. Elle ne sera détruite que de l'intérieur. Beaucoup pensent aider Dieu quand ils accusent les pères et les pasteurs en chef de divers crimes. Ils pensent ramener à l'ordre des serviteurs de Dieu rétrogrades et déviants. L'accusateur des frères les pousse et ils reçoivent une onction de l'Enfer pour détruire l'église. Ils provoquent beaucoup de confusion et de division au sein de l'église en pensant faire l'œuvre de Dieu.

Ils vous excluront des synagogues; et même l'heure vient où quiconque vous fera mourir croira rendre un culte à Dieu.

John 16:2

Je vous exhorte, frères, à prendre garde à ceux qui causent des divisions et des scandales, au préjudice de l'enseignement que vous avez reçu. Éloignez-vous d'eux.

Romains 16:17

L'autodestruction est l'une des principales stratégies d'attaques démoniaques. Lorsque l'esprit de Satan s'empare d'une personne, celle-ci va souvent commencer par se tailler avec des pierres.

Le fils prodige est le cas typique d'une personne ayant un esprit d'autodestruction. Il avait tout pour lui et vivait en sécurité dans la maison de son père. A cause d'une seule décision, il s'est détruit lui-même ainsi que son avenir. Aucune force extérieure n'a contribué à sa ruine. Il se l'est infligé lui-même, il s'est pratiquement tailladé lui-même avec des pierres.

Dieu suscite des pères et leur donne des fils. Parfois, l'esprit de Satan possède les fils et ils s'éloignent de leurs pères. Quand tout est dit et fait, les fils prodigues sont complètement détruits. C'est un mal que j'ai vu sous le soleil et cela est courant parmi les pasteurs.

Que Dieu nous délivre de l'esprit qui nous fait mettre un couteau sous nos propres gorges !

Chapitre 10

L'activité démoniaque génère des personnes incontrôlables

Personne ne pouvait plus le lier...

Marc 5:3

Le fait que personne ne pouvait lier l'homme fou prouve qu'il était devenu incontrôlable. Personne ne pouvait l'attacher ou le contrôler. C'est une caractéristique de l'influence satanique : incontrôlable !

Le fils prodige était incontrôlable. Personne ne pouvait le conseiller. Il a détruit sa vie et son ministère futur en se retirant de la couverture de son père. Il y existe deux types de sagesse : la sagesse d'en haut est caractérisée par une particularité merveilleuse : elle est facilement conciliante.

La sagesse d'en haut est premièrement pure, ensuite pacifique, modérée, CONCILIANTE, pleine de miséricorde et de bons fruits, exempte de duplicité, d'hypocrisie.

Jacques 3:17

L'orgueil, l'esprit de Satan, vous enseignera à être insoumis et entêté. L'humilité et l'esprit du Christ, vous enseigneront à être flexible et à écouter les conseils.

Se soumettre à l'autorité

Le fou de Gadara n'était sous aucune autorité. Personne dans la ville ne pouvait le contrôler. Dieu, cependant, n'as pas conçu nos vies de cette manière. Nous avons étés appelés à demeurer sous une autorité. Satan est le rebelle ultime qui s'est révolté contre l'autorité de Dieu. Jusqu'à aujourd'hui, il inspire des millions de personne à se rebeller contre toute forme d'autorité.

L'esprit de Satan représente les figures d'autorité comme des dictateurs ou des tyrans.

Ceci afin de légitimer la négation de l'autorité. S'il vous plaît saisissez bien ce message ; le fou de Gadara symbolise la plus haute expression du satanisme chez un homme. En définitive, l'activité démoniaque vous rendra rebelle. La Bible déclare clairement que Dieu établit les autorités.

> **Que toute personne soit soumise aux autorités supérieures ; car il n'y a point d'autorité qui ne vienne de Dieu, et les autorités qui existent ont été instituées de Dieu.**
>
> **Romains 13:1**

L'activité démoniaque est souvent dirigée contre trois autorités établies par Dieu. Puisque le diable est contre Dieu, il est aussi contre les autorités que Dieu établit. Les rebelles sataniques sont contre l'autorité de Dieu dans l'église, qui est le pasteur. L'activité démoniaque est également contre l'autorité dans le foyer, qui est le mari.

Finalement, il existe une activité démoniaque contre l'autorité de la nation qui est le gouvernement. Dieu a établi toutes ces autorités. Nul n'est plus sage que Dieu et nous devons accepter Sa Parole. Comme le serpent dans le jardin, Satan va toujours défier la sagesse de la Parole de Dieu.

Les personnes qui sont inspirées par l'esprit d'orgueil s'opposent toujours à la légitimité de l'autorité du mari dans le foyer. Souvent, lorsqu'une femme est influencée par des démons, elle rejette l'autorité de son mari. Généralement, avant que les gens se marient, la parole de l'époux est très importante et considérée comme devant être obéie et suivie. Cependant, dans l'évolution du temps et avec l'infiltration les démons, les paroles du mari sont méprisées et rejetées. Il y a une réponse coléreuse à chaque instruction. Il y a une réplique à chaque mot ou conseil. J'ai vu certaines épouses devenir de plus en plus abusées par la familiarité. Elles pensent qu'elles ne peuvent plus être trompées et maltraitées par leurs maris. Souvent, la réalité est que les démons de la rébellion sont à l'œuvre.

Le même phénomène se produit dans les églises. Les membres d'église corrompus se lèvent contre le serviteur de Dieu, le qualifiant de tyran et de dictateur mais ils ne savent pas qu'ils sont totalement trompés. Ils réclament la démocratie et déclarent qu'ils ne vont plus tolérer le désordre. Souvent ils sont sous l'emprise des esprits de tromperie.

L'une des formes élevées de la tromperie dans l'église est de combattre le Pasteur. Jésus a dit « Ne jugez pas » .

Tant que nous serons sur terre, nous ne verrons jamais assez clairement pour juger correctement. Les églises sont remplies des personnes critiques et chicanières. C'est l'une des formes les plus puissantes d'infiltration démoniaque dans l'église. Montrez-moi une église remplies de personnes critiques et je vous montrerai une église remplie de démons.

L'homme fou de Gadara ne pouvait être contrôlé par personne. De la même manière, les pasteurs, maris ou toute autre figure d'autorité ne peuvent contrôler tous ceux qui sont sous le contrôle des démons. Les autorités au sein de la nation doivent être honorées et respectées.

Que toute personne soit soumise aux autorités supérieures.

Romains 13:1

Quand Paul écrivait sa lettre aux Romains, Néron, l'un des empereurs les plus méchants de Rome, régnait sur Rome. Néron était connu pour livrer des chrétiens afin d'être dévorés par les lions. Parfois, il embrasait les chrétiens comme des torches dans son jardin pour éclairer ses fêtes ! Malgré cela, Paul disait aux Romains que Dieu établit toute autorité qui existe. En d'autres mots, Dieu avait établi Néron.

Généralement, tous ceux qui sont opposés à l'autorité dans une nation sont les criminels et les rebuts de la société. C'est dans la pègre rebelle des villes que les activités sataniques et démoniaques pullulent. Les prostituées, bandits armés, voleurs et criminels ne sont que quelques exemples de ceux qui se rebellent à l'autorité dans toute nation.

Personne ne pouvait le lier, même avec des chaînes ! Est-ce cela la description de votre vie ? Nul ne peut avoir d'emprise sur vous ? Nul ne peut être un père pour vous ? Nul ne peut être votre pasteur ? *Nul ne peut être votre mari ? Nul ne peut vous lier, même avec des chaînes !*

Chapitre 11

La dépression et la tristesse sont le résultat de l'activité démoniaquc

... Il était ...dans les sépulcres, criant...

Marc 5:5

Notez que l'homme fou de Gadara pleurait constamment. Il était triste, déprimé et émotionnellement en détresse. Cet état déplorable était causé par la légion de démon en lui. Il est temps de comprendre qu'une grande partie de la tristesse que nous éprouvons est en fait causée par les mauvais esprits. Si Satan le pouvait, il vous ferait pleurer tous les jours !

Dès que Satan a accès à votre vie, la tristesse suit. Une dépression inexpliquée est certainement l'œuvre de mauvais esprits. Il n'est pas surprenant que les antidépresseurs fassent partie des médicaments plus utilisés dans le monde de nos jours. Aujourd'hui, les plus grands problèmes de l'humanité ne sont pas les bactéries ou les virus mais plutôt les hordes de mauvais esprits, qui envahissent les cœurs et les pensées des hommes. Il n'est pas étonnant que des millions de personnes soient affectées par une tristesse inexpliquée et l'insomnie.

L'homme fou de Gadara était un homme de larmes et de souffrances. Il était dans la douleur. Il pleurait sans cesse. C'est la représentation de la plus haute forme d'affliction démoniaque. Dieu n'est pas l'auteur de nos tristesses. Il est la source de joie. Dieu n'était pas celui qui faisait crier l'homme fou. C'est la légion des démons qui le faisaient crier. Peut-être qu'une légion de démons a opprimé votre âme. Recevez votre délivrance pendant que vous lisez ce livre ! Puissiez-vous tomber dans un sommeil profond et expérimenter la délivrance de toutes formes d'attaques démoniaques.

Contrairement à ce que beaucoup pensent, la tristesse et la dépression ne sont pas simplement des mauvais sentiments.

La dépression n'est pas juste de la mauvaise humeur. La Bible l'appelle l'esprit d'abattement.

> **Pour accorder aux affligés de Sion, Pour leur donner un diadème au lieu de la cendre, Une huile de joie au lieu du deuil, Un vêtement de louange au lieu d'un ESPRIT ABATTU, Afin qu'on les appelle des térébinthes de la justice, Une plantation de L'ÉTERNEL, pour servir à sa gloire.**
>
> **Esaïe 61:3**

Qu'est ce qui rend les gens si tristes au point de baisser les bras dans la vie et devenir suicidaires ? Il ne peut s'agir que des démons.

Je me souviens d'un médecin qui était allé en Angleterre pour perfectionner ses études. Pour une raison inconnue, il fut incapable de suivre le programme qu'il voulait. Cet homme a sombré dans une dépression. Son colocataire à Londres appela ses parents pour les informer que leur fils était dans un avion, retournant au pays et ils pensaient que leur fils souffrait de dépression.

À son arrivée au Ghana, plusieurs personnes, y compris son pasteur, ont dissuadé cet homme de se suicider. Mais un après midi, il a pris une chambre dans un hôtel, écrit une note d'excuses au gérant de l'hôtel, une lettre à ses parents disant combien il se haïssait, puis il s'est suicidé.

C'était un jeune homme brillant avec un avenir prometteur. Le médecin qui a procédé à son examen post mortem avait été son professeur à l'école de médecine et s'est souvenu qu'il avait été un très bon étudiant. Pourquoi un médecin avec un si grand avenir décide-t-il de s'ôter la vie ?

Ces choses ne peuvent s'expliquer que par l'activité des mauvais esprits. Quelle est l'explication de ce désespoir qui s'empare du cœur d'un homme dont l'avenir semblait si brillant ? Il est temps pour nous de connaître la source du problème et de s'y attaquer à la racine.

N'oubliez pas que c'est la légion de démons qui poussaient l'homme fou à crier. Peut-être que des mauvais esprits vous rendent déprimés et tristes. Recevez votre délivrance aujourd'hui au nom de Jésus !

Du reste, mon fils, tire instruction de ces choses ; on ne finirait pas, si l'on voulait faire un grand nombre de livres.

Chapitre 12

Les démons veulent vous déshonorer

... il ne portait point de vêtement, et avait sa demeure non dans une maison ...

Luc 8:27

C'était la légion de démons qui poussait l'homme fou à errer nu. Marcher nu en public est l'une des plus grandes formes de disgrâce.

Il y a deux types de plans démoniaques. Les plans à court et à long terme. Il est important pour chaque croyant d'avoir la révélation du plan à long terme de l'ennemi contre sa vie et son ministère. Récemment, le Seigneur m'a demandé de prier contre les choses que Satan planifiait contre ma vie. Peut-être que vous ne le savez pas mais l'ennemi est en train de planifier et de prendre des décisions à votre sujet.

Regardez attentivement autour de vous et vous verrez beaucoup de ceux qui auparavant étaient financièrement bénis mais qui sont aujourd'hui ruinés. Je connais des gens qui avaient des millions de dollars mais qui aujourd'hui, ont peu ou pas d'argent. L'esprit de disgrâce œuvre contre des chrétiens prospères pour les réduire à néant. Si vous êtes un homme d'affaires, il est important de prier pour la richesse et l'établissement que Dieu vous a donnés.

Plusieurs serviteurs de Dieu étaient à l'époque des hommes de renom. Aujourd'hui bon nombre d'entre eux ont été réduits au silence et déshonorés. C'est l'œuvre des démons.

Beaucoup de télé-évangélistes Américains ont étés disgraciés et oubliés. Un examen plus approfondi de l'expérience Américaine révèlera qu'il y a un programme caché de long terme à la base des attaques contre les serviteurs de Dieu.

Les voyants ont aujourd'hui remplacé ces évangélistes. C'était le programme à long terme du diable de remplacer les serviteurs de Dieu par des diseurs de bonne aventure et des astrologues. L'esprit de disgrâce est effectivement l'esprit de Satan qui combat les serviteurs de Dieu.

Du reste, mon fils, tire instruction de ces choses ; on ne finirait pas, si l'on voulait faire un grand nombre de livres.

Chapitre 13

Les démons travaillent en groupes et par équipes

Légion …car nous sommes plusieurs

Marc 5:9

Comme vous pouvez le voir, une bande de démons affligeaient le fou de Gadara, le mot « légion » signifie une bande, une foule, une horde ou une multitude. La condition de cet homme n'était pas le fait d'un seul démon mais d'une équipe de mauvais esprits travaillant ensemble. Le mot « légion, » est très révélateur car il décrit de manière appropriée la caractéristique de groupe des activités démoniaques. Les équipes de mauvais esprits exécutent la plupart des plans de Satan. Raison pour laquelle les démons ont répondu « …légion, car nous sommes plusieurs » .

Les dix équipes de démons courantes

Vous trouverez rarement des démons qui travaillent seuls. Il existe souvent un réseau intriqué de mauvais esprits impliqués dans toute situation pernicieuse. Quand il y a la confusion dans l'église, il est difficile de pointer du doigt une seule cause. Est-ce la jalousie ? Est-ce la haine ? Est-ce la déloyauté ? Est-ce la chair ?

1. L'équipe destructrice de mariage

L'encadrement des couples révèle souvent un ensemble complexe de problèmes insolvables. Personne ne se souvient même du début ou de la fin des conflits. Tout a peut-être commencé par de l'égoïsme, suivi par la grossièreté, la colère et l'orgueil. Les offenses s'accumulent et produisent l'amertume et la rancune. La rancoeur engendre la vengeance, l'infidélité, l'adultère, la haine, les bagarres, le meurtre et le divorce. Comme vous pouvez le voir, les problèmes ne viennent pas séparément.

Ils viennent en groupes, ils viennent comme un cocktail entremêlé d'activités démoniaques.

Il est important de connaître quelques unes de ces équipes de démons qui travaillent généralement ensemble. Une fois que vous aurez compris ce principe, vous saurez à quoi vous attendre et comment combattre l'ennemi.

> **...et il prend avec lui sept autres esprits plus méchants que lui...**
>
> **Mathieu 12:45**

2. L'équipe voleuse

L'esprit de vol et de mensonge vont souvent de pair. Les voleurs mentent généralement pour couvrir leurs activités.

Les esprits d'envie, de haine et de meurtre travaillent souvent ensemble. La Bible nous enseigne que Jésus Christ a été crucifié par envie.

> **Car il savait que c'était PAR ENVIE que les principaux sacrificateurs l'avaient livré.**
>
> **Marc 15:10**

3. L'équipe destructrice d'avenir

Lorsqu'une personne jeune pleine de vie se détruit par la convoitise, l'alcoolisme, le jeu et la drogue, les esprits de pauvreté, la criminalité et la prostitution ont la voie libre dans la vie de cette personne. C'est pourquoi il est difficile d'extraire les drogués et les prostitués de leurs problèmes complexes.

4. L'équipe sexuelle

Lorsqu'une personne jeune est profondément impliquée dans des relations sexuelles à partenaires multiples, des hordes de démons souvent envahissent cette personne. Le livre d'Apocalypse déclare que Babylone est devenue l'habitation des démons à cause de la multitude des ses fornications.

> **Il cria d'une voix forte, disant : Elle est tombée, elle est tombée, Babylone la grande ! Elle est DEVENUE UNE HABITATION DE DÉMONS, un repaire de tout esprit impur, un repaire de tout oiseau impur et odieux, PARCE QUE TOUTES LES NATIONS ONT BU DU VIN DE LA FUREUR DE SON IMPUDICITÉ, et que les rois de la terre se sont livrés avec elle à l'impudicité, et que les marchands de la terre se sont enrichis par la puissance de son luxe.**
>
> **Apocalypse 18:2-3**

Les esprits de désobéissance et de rébellion prennent racine. Les esprits d'impudicité, d'avortement, de stérilité suivent. Les autres membres courants de l'équipe sexuelle sont les esprits du VIH Sida, qui travaillent en étroite collaboration avec l'esprit de mort.

5. L'équipe de divorce

Les esprits de tromperie et de divorce agissent souvent ensemble. La plupart des gens qui divorcent se trompent en pensant qu'il existe quelqu'un de mieux que leur conjoint dehors. Il s'agit de la tromperie la plus répandue dans le cœur de nombreux couples. C'est la raison pour laquelle un grand pourcentage de personnes qui divorcent finit par remarier la même personne.

6. L'équipe destructrice des nations

Les problèmes de tous les pays peuvent rarement être diagnostiqués comme émanant d'une seule cause. Les problèmes sont-ils provoqués par l'esprit de corruption, de mauvaise gouvernance, de fraude ou de discrimination ? Les esprits de pauvreté, de maladie et de mort évoluent souvent ensemble. Dans les pays où la pauvreté est criarde, il y a beaucoup de maladies et un taux élevé de mortalité.

Un exemple de travail d'équipe démoniaque se retrouve dans le livre d'Apocalypse.

Je regardai, et voici, parut un CHEVAL BLANC. Celui qui le montait avait un arc; une couronne lui fut donnée, et il partit en vainqueur et pour vaincre.

> **Quand il ouvrit le second sceau, j'entendis le second être vivant qui disait : Viens. Et il sortit un autre CHEVAL, ROUX. Celui qui le montait reçut le pouvoir d'enlever la paix de la terre, afin que les hommes s'égorgeassent les uns les autres ; et une grande épée lui fut donnée.**
>
> **Quand il ouvrit le troisième sceau, j'entendis le troisième être vivant qui disait : Viens. Je regardai, et voici, parut un CHEVAL NOIR. Celui qui le montait tenait une balance dans sa main.**
>
> **Et j'entendis au milieu des quatre êtres vivants une voix qui disait : Une mesure de blé pour un denier, et trois mesures d'orge pour un denier ; mais ne fais point de mal à l'huile et au vin.**
>
> **Je regardai, et voici, parut un cheval d'une COULEUR PALE. Celui qui le montait se nommait la mort, et le séjour des morts l'accompagnait. Le pouvoir leur fut donné sur le quart de la terre, pour faire périr les hommes par l'épée, par la famine, par la mortalité, et par les bêtes sauvages de la terre.**
>
> **Apocalypse 6:2-6,8**

Dans cette vision, il y a quatre chevaux spirituels avec quatre cavaliers spirituels. D'abord il y avait un cheval blanc, puis un cheval roux, ensuite un cheval noir et enfin un cheval de couleur pâle. Chacun de ces chevaux avait un cavalier différent. Le premier cavalier présenté était l'esprit du conquérant. Le deuxième esprit était l'esprit qui enlève la paix. Le troisième esprit était l'esprit de famine en qui trois mesures d'orge étaient vendues pour un denier. Le quatrième était l'esprit de mort.

L'un après l'autre, ces quatre esprit on ravagé la terre jusqu'à ce que le quart de la terre soit exterminé par l'épée et la famine. Vous n'avez pas besoin d'être très vieux pour avoir vu ces modèles. Je vais vous donner quelques exemples :

Libéria 1990

Il y a quelques années Charles Taylor au Libéria, est entré en conquérant et pour vaincre.

Son objectif était de renverser le Président Doe du pouvoir. Il y avait une grande joie, car il semblait être le libérateur du Libéria.

Puis est arrivé le deuxième cavalier qui avait le pouvoir d'enlever la paix. Il est intéressant de noter que la paix n'est jamais revenue au Libéria depuis que cet homme a commencé sa conquête.

Pendant les dix dernières années, il n'y avait pas d'électricité dans ce pays. Différents groupes rebelles ont ravagé l'intérieur du pays en ôtant la paix. La famine s'est ajoutée. C'est le troisième cavalier à l'œuvre. Quand vous regardez la télévision, vous voyez des groupes humanitaires évacuer par ponts aériens des tonnes et des tonnes d'aide alimentaire.

Finalement, l'esprit de mort a englouti la région et nous entendons parler de charniers et des milliers de personnes qui perdent leurs vies. Les démons travaillent vraiment en groupes.

Congo 1997

Au Congo, nous avons eu une situation similaire. Feu Kabila est venu en vainqueur et pour vaincre. Il a marché sur Kinshasa pour renverser le Président Mobutu. A peine avait-il accompli son exploit que nous apprenions que différentes factions rebelles combattaient dans le pays. Ce fut à présent au tour du second cavalier d'enlever la paix. La république est devenue le théâtre de la plus grande guerre civile en Afrique.

Plusieurs pays ont participé à ce conflit et la paix a été enlevée de la terre. Nous avons tous vu sur CNN les groupes humanitaires transporter par ponts aériens des tonnes et des tonnes de nourriture à des réfugiés mourants. C'était le troisième cavalier à l'œuvre. La similitude des cas est effrayante. Finalement on a annoncé les fosses communes et les morts. Effectivement, tous les quatre cavaliers avaient travaillé ensemble.

7. L'équipe destructrice de l'église

Dans l'église, les esprits de calomnie, de médisance, de critique, d'orgueil, d'autojustification, d'attitude de jugement, de déloyauté et de division de l'église collaborent étroitement. Ils encerclent les églises et envahissent de plusieurs angles. En peu de temps, l'église est enchevêtrée dans un conflit ou un autre. Il n'est pas étonnant que beaucoup d'églises ne puissent pas grandir.

Jésus a enseigné que lorsqu'un esprit méchant est chassé, il recrute une équipe encore plus importante. Une équipe de sept démons pourra réussir là où un seul a échoué.

> **Il s'en va, et il prend avec lui SEPT AUTRES ESPRITS plus méchants que lui ; ils entrent dans la maison, s'y établissent, et la dernière condition de cet homme est pire que la première. Il en sera de même pour cette génération méchante.**
>
> **Matthieu 12:45**

8. L'équipe de dépression

Les esprits de cœur brisé, de déceptions, de dépression, de suicide et de mort font souvent équipe ensemble. C'est pourquoi Paul conseillait aux Corinthiens de ne pas être trop tristes. Il expliquait que la tristesse de ce monde conduit à la mort. Les esprits de tristesse, de désespoir et de mort travaillent souvent ensemble. L'homme fou de Gadara manifestait le désir ultime des démons : habiter des êtres humains en grands groupes.

9. L'équipe querelleuse

Une personne querelleuse est habituellement aussi orgueilleuse, têtue, acariâtre, encline au divorce et trompée. Tout ceci constitue une équipe puissante d'esprits méchant qui travaillent pour détruire un individu.

10. L'équipe d'insécurité

Les esprits d'insécurité, de crainte, d'accusation, d'égoïsme, d'autoconservation et de haine travaillent aussi ensemble. Agissant comme des partenaires dans une équipe efficace, ils se complimentent souvent les uns les autres. Puissent vos yeux s'ouvrir pour voir le groupe de mauvais esprits libérés contre votre vie et votre ministère !

Il est important que tout serviteur de Dieu ait la révélation du groupe des mauvais esprits qui opèrent contre lui. Certains des problèmes du ministère sont complexes et comportent plusieurs dimensions.

Sans une révélation de ce qui vous combat, il vous sera difficile de remporter vos batailles spirituelles. La Bible appelle Satan « le père du mensonge » et le « serpent ancien qui a séduit toute la terre » (Jean 8:44, Apocalypse 112:9).

Du reste, mon fils, tire instruction de ces choses ; on ne finirait pas, si l'on voulait faire un grand nombre de livres.

Chapitre 14

Les démons sont territoriaux

...Et il supplic Jésus en insistant : « NE CHASSE PAS CES ESPRITS LOIN DU PAYS ! »

Marc 5:10

Cette demande très curieuse faite par les démons m'a rendu perplexe pendant des années. Pourquoi ont-ils dit « Ne nous envoie pas loin de ce pays ? » Les démons auraient pu plaider pour rester un peu plus dans l'homme fou. Ils auraient pu demander de ne pas être chassé même en premier lieu. Mais ce qui semblait plus les préoccuper était leur besoin de rester dans le même pays.

Ceci nous enseigne une leçon très importante. Les démons demeurent dans des pays spécifiques et ne veulent pas se déplacer. Ces démons en particulier vivaient dans le pays des Gadaréniens et voulaient y rester.

Une catégorie de démons qui est décrite dans le livre d'Éphésiens est « dominations » . Les dominations représentent une influence maléfique qui domine sur un territoire. Il est facile de noter l'influence de différentes sortes de démons dans différentes parties du monde.

Car nous n'avons pas à lutter contre la chair et le sang, mais contre les DOMINATIONS, contre les autorités, contre les princes de ce monde de ténèbres, contre les mauvais esprits dans les lieux célestes.

Éphésiens 6:12

En Matthieu 12, les démons qui ont été chassés ont déclaré « je retournerai dans ma maison » . Malheureusement, les démons ont fait de certains endroits leur lieu d'habitation. Aucun d'entre nous n'aimerait être délogé de son habitat habituel. Les démons aussi ont leurs lieux de résidence habituels.

Il y a des esprits de pauvreté, qui occupent certaines parties du monde. Vous pouvez voir les routes et les maisons sales et délabrées dans les quartiers occupés par ces mauvais esprits. Il n'y a aucune raison logique pour laquelle ces nations sont dans cette condition. La seule explication est l'influence des mauvais esprits.

L'esprit de guerre repose sur certaines parties du monde. Les débuts de la Première Guerre Mondiale, la Seconde Guerre Mondiale et la guerre Serbe, (les trois plus grands conflits qui ont frappé le monde), avaient un lien avec la région Serbe.

En Matthieu 12:43, les démons sont décrits comme des êtres ayant besoin d'un lieu de repos. On voit aussi que les démons errent dans les endroits secs. Les mauvais esprits ont besoin d'un endroit pour y être confortable. En endroit sec dépeint un environnement hostile et inhospitalier dans lequel on ne peut trouver aucun repos. Ce sont des endroits où les démons n'ont pas de repos.

Je crois que Satan ne vit pas en Afrique mais en Europe. La plupart des Africains croient en Dieu. Aujourd'hui en Europe, ce sont les Africains qui remplissent les églises. Je crois que le trône de Satan (le lieu où il expérimente la plus grande victoire et relaxation) est en Europe. C'est en Europe que la tromperie est à son maximum.

La plupart des natifs Européens ne croient pas en Dieu, en Christ ou même en l'existence du diable. Quel réconfort pour Satan ! L'Europe est le continent qu'il peut appeler sa maison. Votre maison c'est l'endroit où vous vous étendez pour vous reposer. Votre maison c'est le lieu où vous vous asseyez pour vous détendre et vous vous sentez en sécurité. Pensez-vous que Satan se sente en sécurité en Afrique lorsqu'il y a des réunions organisées pour le lier dans presque chaque quartier ? Pensez-vous que le diable peut se détendre lorsque les gens sont si conscients de sa présence ? Lorsque les chansons sont composées et chantés contre vous par des milliers de personnes, vous n'êtes pas heureux. Satan se sent menacé en Afrique.

Lisez les paroles d'une chanson typique chantée dans les églises Africaines.

Dans la Parole de Dieu, il y a la puissance.
Au Nom de Jésus, tout genou fléchira !

Comme vous le savez, le diable n'est pas omniprésent. Il est à un seul endroit à la fois. À l'époque de la Bible, Jean a identifié la demeure et le siège du diable. Il a écrit une lettre qui révéla que la demeure de Satan se trouvait dans une ville appelée Pergame.

Écris à l'ange de l'Église de Pergame : Voici ce que dit celui qui a l'épée aiguë, à deux tranchants : Je sais où tu demeures, je sais que LÀ EST LE TRÔNE DE SATAN. Tu retiens mon nom, et tu n'as pas renié ma foi, même aux jours d'Antipas, mon témoin fidèle, qui a été mis à mort chez vous, LÀ OU SATAN A SA DEMEURE.

Apocalypse 2:12,13

Comme vous pouvez le voir, ce passage nous dit que Satan vivait et siégeait à la fois (était à l'aise) à Pergame. Je crois que de nos jours, le trône de Satan se trouve en Europe. Je ne crois pas que Satan soit heureux ou à l'aise en Afrique. Il y a trop de veillées de prière partout en Afrique. Il s'y déroule trop de croisades en plein air. Il y a trop de groupes qui adorent et chantent des cantiques qui portent sur le sang de Jésus pour que Satan puisse trôner aisément.

Un jour, je jouais du golf au Ghana quand j'ai entendu des gens prier et crier juste à côté du terrain. J'ai dit à mon partenaire, « Satan ne peut pas vivre en Afrique ! Quel cours de golf en Europe a un groupe de guerriers de prière qui crient et prient du plus profond de leur cœur un lundi matin ? »

Une autre fois dans la nuit, je revenais d'une réunion et j'ai allumé la radio. Il était minuit et il y avait sur les ondes deux jeunes gens qui priaient. Ils avaient une veillée de prière dans le studio. Ils parlaient surtout en langues et criaient leurs prières à Dieu du plus profond de leurs cœurs. L'un grognait comme un ours tandis que l'autre rugissait comme un lion tout au long de la nuit. Je me suis dit « le prince de la puissance de l'air ne va pas du tout aimer cela. » J'ai dit à mon épouse, « Satan ne peut jamais vivre au Ghana ! » Je savais qu'un tel programme ne pourrait jamais être diffusé en Europe.

Dans la lettre à l'église de Pergame nous avons appris que Satan y a installé son trône. Ceci nous enseigne que Satan avait effectivement établi son quartier général à Pergame. Il a des villes qui sont réputées pour l'immoralité. Si vous arrivez dans l'une de ces villes, soyez vigilants car l'esprit de la ville vous pourchassera.

Au Ghana par exemple, il y certaines villes portuaires qui sont réputées pour leur immoralités. Le Nigeria est bien connu pour avoir des esprits de corruption, d'assassinat et d'attaque à main armée.

Il y certaines régions au Ghana qui sont connues pour leur nature querelleuse et belliqueuse. Les mauvais esprits d'offense conduisent les gens de ces terroirs à se quereller jusque dans la tombe sans jamais se donner de répit. D'autres tribus sont connues pour leur pratique de la sorcellerie et du vaudou. Certaines parties du pays sont réputées pour leur violence et leurs tendances meurtrières. Tout ceci est l'œuvre des mauvais esprits qui ont vécu dans ces régions pendant plusieurs années.

Il y a même des sections de la route qui sont habitées par des mauvais esprits. Les esprits d'accident et de tragédies résident dans des arbres longeant la route. Beaucoup d'accidents inexplicables et mystérieux se sont produits à ces endroits. Tout cela relève de l'œuvre des mauvais esprits qui vivent dans certaines zones géographiques.

Quand vous emménagez dans une nouvelle maison, vous devez toujours la sanctifier. Les mauvais esprits habitent à différents endroits. Par exemple, un esprit de divorce peut avoir habité une maison dans laquelle vous venez juste de déménager. Des querelles inexplicables peuvent survenir dans votre mariage après que vous ayez aménagé dans cet appartement.

J'ai connu de couples qui ont eu des mariages heureux jusqu'à ce qu'ils aillent vivre à l'étranger dans certains pays. Leurs mariages se sont rapidement détériorés par la suite. J'ai dit à un ami divorcé, « peut-être que vous n'auriez pas divorcé si vous n'étiez pas venus dans ce pays. » Il m'a répondu, « je suis d'accord à 100% avec toi, cela ne serait jamais arrivé si j'étais resté dans mon pays. » Il a continué « Dans mon pays, le divorce est rare mais ici, mêmes les pasteurs divorcent facilement. »

Chaque fois que j'entre dans une chambre d'hôtel, je prie et je la sanctifie avant de m'y installer. Parfois, j'impose les mains sur le lit et je chasse les mauvais esprits hors du plafond. Personne ne sait ce qui s'est passé dans cette chambre avant mon arrivée. Quand vous arrivez dans un nouvel emplacement physique, il est de votre devoir d'évaluer le type de présence spirituelle qui prévaut. Les dominations aiment dominer les territoires par leur présence.

Chapitre 15

L'activité démoniaque cohabite avec les chrétiens adorateurs

...Ayant vu Jésus ...il ...se prosterna devant lui,

Marc 5:6

Le fou de Gadara a couru vers Jésus et s'est prosterné devant lui. Quelques minutes plus tard, cet homme fou s'opposait à sa délivrance. C'est un mystère, qui doit être compris. Il semble qu'il est possible pour les démons d'envahir un homme pieux et être compatibles.

Je me suis demandé « comment ces forces extrêmes peuvent-elles être compatibles ? Comment un homme possédé d'une légion de démons peut adorer Dieu ? » L'homme avec une légion de démons était un adorateur de Jésus Christ. « Comment un homme qui court vers Jésus peut-il être rempli de démons ? »

Aujourd'hui, combien de chrétiens courent-ils pour adorer le Seigneur ? Ils viennent se promener à l'église en se disant, « Vous êtes bien chanceux que je sois venu à l'église aujourd'hui ! » Mais ce n'était pas le cas de l'homme de Gadara ; il a couru vers Jésus ! Ce phénomène explique pourquoi beaucoup de chrétiens viennent à l'église tous les Dimanches et ont malgré cela des mauvais esprits qui les influencent à la maison et au travail.

Un adorateur avec des démons

L'homme dans la synagogue était un autre adorateur qui avait un démon. Le démon fut exposé pendant la prédication.

Il se trouva dans leur synagogue un homme qui avait un esprit impur, et qui s'écria : Qu'y a-t-il entre nous et

toi, Jésus de Nazareth ? Tu es venu pour nous perdre. Je sais qui tu es : le Saint de Dieu.

Marc 1:23-24

Comme vous pouvez le voir, les fidèles et les adorateurs peuvent avoir des mauvais esprits en eux.

Satan et l'apôtre

L'Apôtre Pierre a été conduit par le Saint-Esprit à dire que Jésus était le Christ, le Fils de Dieu. Pourtant quelques minutes plus tard, Satan a été réprimandé dans sa vie. En un tour surprenant et spectaculaire, le gentil Jésus s'est transformé en un Jésus d'acier et dit, « Arrière de moi, Satan ! »

Simon Pierre répondit : Tu es le Christ, le Fils du Dieu vivant.

Jésus, reprenant la parole, lui dit : TU ES HEUREUX, SIMON, FILS DE JONAS ; CAR CE NE SONT PAS LA CHAIR ET LE SANG QUI T'ONT RÉVÉLÉ CELA, mais c'est mon Père qui est dans les cieux

Pierre, l'ayant pris à part, se mit à le reprendre, et dit : À Dieu ne plaise, Seigneur ! Cela ne t'arrivera pas.

Mais Jésus, se retournant, dit à Pierre : ARRIÈRE DE MOI, SATAN ! Tu m'es en scandale ; car tes pensées ne sont pas les pensées de Dieu, mais celles des hommes.

Matthieu 16:16-17, 22-23

Samson est un autre exemple d'une personne en qui l'Esprit de Dieu agissait.

La femme enfanta un fils, et LUI DONNA LE NOM DE SAMSON. L'enfant grandit, et L'ÉTERNEL le bénit. ET L'ESPRIT DE L'ÉTERNEL COMMENÇA À L'AGITER ...

Juges 13:24-25

Malheureusement, cela n'a pas empêché l'esprit de fornication d'interférer dans son ministère. Ce phénomène explique pourquoi certains serviteurs de Dieu semblent être très oints mais également troublés par des mauvais esprits.

Certains prophètes ont des dons étonnants mais sont toutefois soumis à l'influence des mauvais esprits.

Du reste, mon fils, tire instruction de ces choses ; on ne finirait pas, si l'on voulait faire un grand nombre de livres.

Chapitre 16

Les démons opèrent à partir d'une distance spirituelle et non physique

La confusion quant à l'apparente compatibilité entre le Saint-Esprit et les forces des ténèbres peut s'expliquer par ce principe.

Lorsqu'une chose est physiquement proche cela ne veut pas dire qu'elle est spirituellement proche. En d'autres mots, une distance de mille kilomètres dans le monde physique ne représente pas mille kilomètres dans le règne spirituel. Un objet peut être à la porte à côté physiquement mais éloigné à des milliers de kilomètres spirituels.

C'est la raison pour laquelle une personne peut être à proximité d'une personne spirituelle mais ne pas être affectée par l'onction sur sa vie. Il est physiquement proche mais spirituellement très loin. Quelqu'un d'autre pourrait être éloigné par des milliers de kilomètres et recevoir une plus grande bénédiction que celui qui est tout près.

Jésus dit : « Un prophète n'est pas accepté dans sa propre maison. » Cela signifie que les dons des prophètes ne peuvent pas affecter spirituellement les personnes qui sont à proximité. Le don et l'onction du prophète semblent fonctionner sur les personnes qui sont physiquement plus éloignées de lui. D'une certaine manière la familiarité augmente la distance spirituelle entre celui qui a l'onction et celui qui doit recevoir l'onction. Et ils étaient scandalisés à cause de lui. Mais Jésus leur dit: Un prophète n'est méprisé que dans son propre pays, et dans sa propre maison.

> **Et il était pour eux une occasion de chute. Mais Jésus leur dit : Un prophète n'est méprisé que dans sa patrie et dans sa maison.**
>
> **Matthieu 13:57**

Je trouve que l'onction du Seigneur coule plus facilement de ma vie vers ceux qui sont bien plus éloignés de moi physiquement. *Beaucoup sont proches physiquement mais loin spirituellement.* Ceci prouve que la théorie de la distance spirituelle et de la distance physique sont deux choses différentes.

La distance spirituelle

La notion de distance spirituelle existe dans le règne spirituel. Jésus a dit un jour à un homme qui est venu à lui, « Tu n'es pas loin du Royaume. »

> **Jésus voit que le maître de la loi a répondu de façon intelligente. Alors il lui dit : « TU N'ES PAS LOIN DU ROYAUME DE DIEU....**
>
> **Marc 12:34**

Cette parole prouve que vous pouvez être loin ou près du Royaume. D'autres passages parlent de se rapprocher de Dieu. S'approcher de Dieu n'est pas un acte physique. Dieu est un esprit, et ne peut être approché par aucune manœuvre physique ou naturelle. S'asseoir à côté d'un homme de Dieu ne vous rapproche pas de lui spirituellement. En fait, une personne assise à six mille kilomètres loin de lui pourrait être plus proche que vous assis à ses pieds.

> **Heureux celui que tu choisis et que tu admets en ta présence, Pour qu'il habite dans tes parvis ! Nous nous rassasierons du bonheur de ta maison, De la sainteté de ton temple.**
>
> **Psaume 65:4**

Ce passage parle de la bénédiction d'un homme qui est autorisé à s'approcher de Dieu. Dieu choisit ceux qu'Il admet dans sa présence. Certaines personnes sont plus proches de Dieu que d'autres ! Il se peut que nous soyons tous physiquement à New York City, mais les meilleurs amis et serviteurs de Dieu pourraient être seulement à cinq mètres spirituels de la présence de Dieu. Alors qu'un autre Chrétien également à New York pourrait être à cinq mille kilomètres de la présence de Dieu.

Le fait d'être physiquement à côté d'un autel maléfique ou de la maison d'un sorcier ne signifie pas que vous êtes spirituellement proche de ces choses maléfiques. Vous en êtes spirituellement éloigné à moins que vous vous ouvriez vous-même à ces choses. Ne donnez pas accès au diable !

La même personne peut être remplie de l'esprit de Dieu et en quelques minutes être contrôlée par des esprits mauvais. Ceci est possible parce que dans l'espace de quelques minutes, cette même personne peut se déplacer très loin spirituellement bien qu'elle soit physiquement dans la même position. C'est ce qui est arrivé à Pierre et cela explique comment Jésus l'a appelé « Pierre » et quelques minutes plus tard l'a appelé « Satan » .

Je me souviens avoir lu une histoire à propos d'un serviteur de Dieu qui se dédoublait entre deux esprits, dans un livre de Kenneth Hagin. Kenneth Hagin a déclaré qu'il tenait une réunion dans une certaine ville et résidait dans la maison d'un homme d'affaire riche qui était membre de l'église dans laquelle il prêchait. L'homme possédait un centre commercial et avait un énorme succès en affaires.

L'homme d'affaires a demandé à Kenneth Hagin s'il connaissait un certain frère qui était aussi un serviteur de Dieu. Kenneth Hagin a répondu qu'il connaissait cet homme et était convaincu qu'il était appelé par Dieu et qu'il marchait avec intégrité devant Dieu dans le ministère, jusqu'à ce qu'il ait commencé à se soumettre à de faux esprits.

L'homme d'affaires à dit à Kenneth Hagin que leur église avait aidé à soutenir ce serviteur de Dieu pendant un programme dans leur ville et presque chaque jour, ce dernier venait à son bureau et ils discutaient ou sortaient ensemble pour déjeuner.

Cet homme d'affaires possédait un héritage - une bague en diamant de sept carats, qu'il avait hérité de son père, qu'il portait rarement. Il l'avait emballée dans un mouchoir et rangée dans le fond arrière droit de la commode dans sa chambre.

Le serviteur de Dieu est allé dans le bureau de l'homme d'affaires et lui a parlé de ce bien de famille qui lui avait été légué par son père. Il a décrit en détail à l'homme d'affaires où cet objet était gardé et lui a dit que Dieu voulait qu'il lui donne cet héritage. L'homme d'affaires a naturellement pensé que cela venait de Dieu puisque cette révélation était surnaturelle et sur ce, il a remis le bien de famille au serviteur de Dieu.

Mais cet homme d'affaire a commencé à se poser des questions quand ce serviteur de Dieu a commencé à maudire quelqu'un qui l'avait énervé dans son bureau. En outre, peu de temps après qu'il eut quitté la ville, deux hommes l'ont approché pour lui dire que pendant que ce serviteur de Dieu était dans la ville, il avait été impliqué dans l'homosexualité.

Il était en colère contre lui-même pour avoir donné son héritage de famille à une personne qui ne marchait même pas avec Dieu.

Le Révérend Hagin écrit dans son livre que l'esprit de Dieu lui avait soufflé que cet homme utilisait des puissances occultes et des esprits familiers lorsqu'il a rencontré plus tard au cours d'une réunion. Ce serviteur de Dieu avait dans le passé un ministère de guérison extraordinaire avec des guérisons surnaturelles attestées par des médecins. Il avait toutefois cédé à la chair et s'est ouvert lui-même au diable.

Comme vous pouvez le voir dans cette histoire, l'homme de Dieu opérait à la fois par le Saint-Esprit et ensuite par des esprits familiers.

Du reste, mon fils, tire instruction de ces choses ; on ne finirait pas, si l'on voulait faire un grand nombre de livres.

Chapitre 17

Les démons cherchent à influencer les êtres humains par des pensées, des imaginations et des suggestions

Nous renversons les RAISONNEMENTS et toute... PENSÉE ...

2 Corinthiens 10:5

L'accès de Satan à vos vies se fait grâce au pouvoir de la suggestion. Lorsque Jésus fut attaqué par le diable dans le désert, il a dû se défendre contre des suggestions adroites. Les suggestions des démons se présentent en trois catégories. Vous devez être conscient de ces trois catégories d'attaques sataniques auxquelles nous sommes tous sujets.

Suggestion de type 1 : La suggestion de céder aux désirs charnels

Le diable lui dit : Si tu es Fils de Dieu, ordonne à cette pierre QU'ELLE DEVIENNE DU PAIN.

Luc 4:3

Nous subissons constamment la pression de la voix de Satan qui nous pousse à succomber à notre chair. Jésus avait faim après quarante jours de jeûne. Le diable le poussait à écouter Sa chair. La voix qui vous pousse à continuer à dormir, à rompre votre jeûne et à faire des choses immorales est la voix de Satan. Ne vous y trompez pas, c'est le premier et le principal point d'entrée des démons dans votre vie.

Suggestion de type 2 : La suggestion d'adorer et de servir autre chose que Dieu. C'est aussi la suggestion de choisir la voie rapide et facile pour atteindre votre objectif

Et lui dit : Je te donnerai toute cette puissance, et la gloire de ces royaumes; car elle m'a été donnée, et je

la donne à qui je veux. Si donc tu te prosternes devant moi, elle sera toute à toi.

Luc 4:6-7

De nombreux Chrétiens sont motivés à vivre pour de l'argent et autres réalisations terrestres. C'est la voix de nul autre que Satan qui vous pousse à passer votre vie, votre temps, énergie et argent sur tout sauf l'œuvre de Dieu.

Satan ne vous en voudra pas si vous dépensez votre argent sur la politique, le football, les vêtements etc. Certaines personnes pensent que ce que je dis est trop dur. Mais Satan se cache dans les ténèbres et utilisent les chrétiens et ceux qui recherchent la justice pour faire son travail.

Vous souvenez-vous quand Pierre a dit à Jésus « Tu ne mourras pas sur cette terrible croix, nous ferons tout pour t'empêcher de passer par une expérience si désagréable ? » Ce fut la première et la seule fois que Jésus le réprimandait publiquement.

Malheureusement, Pierre le juste a été utilisé par Satan pour suggérer le besoin de se préserver. Jésus lui a montré que le besoin des hommes de se préserver vient du diable.

Dès lors Jésus commença à faire connaître à ses disciples qu'il fallait qu'il allât à Jérusalem, qu'il souffrît beaucoup de la part des anciens, des principaux sacrificateurs et des scribes, qu'il fût mis à mort, et qu'il ressuscitât le troisième jour.

Pierre, l'ayant pris à part, se mit à le reprendre, et dit : A Dieu ne plaise, Seigneur ! Cela ne t'arrivera pas. Mais Jésus, se retournant, DIT A PIERRE : ARRIERE DE MOI, SATAN ! Tu m'es en scandale ; CAR TES PENSEES NE SONT PAS LES PENSEES DE DIEU, MAIS CELLES DES HOMMES.

Matthieu 16:21-23

Les choses que les hommes valorisent sont souvent des choses qui ne sont pas de Dieu. S'il vous plaît retenez ceci pour votre vie personnelle. Peut-être que les hommes vous poussent à faire certaines choses mais Dieu vous demande de mourir pour Lui.

Nous devons avoir le caractère de Christ. Nous devons prendre notre croix et suivre Jésus au Calvaire. Nous devons adopter le plan de Dieu et ne pas suivre les tromperies de Satan.

Mourir comme un agneau ou mourir comme un porc ?

Christ est mort avec le calme d'un agneau. Il a paisiblement choisi le plan de Dieu. La plupart de chrétiens meurent pour le Seigneur comme des porcs - avec beaucoup de cris perçants et une mauvaise volonté. Avez-vous déjà vu à un porc qu'on égorge ? Nous faisons la volonté de Dieu à contrecoeur avec beaucoup de grincements, de cris, et de résistance. Recevez la nature telle celle d'un agneau de notre Sauveur, Jésus Christ.

Suggestion de Type 3 : La suggestion de faire mauvais usage des dons et bénédictions de Dieu

Le diable le conduisit encore à Jérusalem, le plaça sur le haut du temple, et lui dit : Si tu es Fils de Dieu, jette-toi d'ici en bas ; Car il est écrit : Il donnera des ordres à ses anges à ton sujet, Afin qu'ils te gardent ;

Luc 4:9-10

Jésus avait le pouvoir d'utiliser le don de Dieu pour Se protéger Lui-même. Allait-il faire mauvais usage de cette puissance à la suggestion des démons ? Certainement pas ! Cette catégorie commune de suggestion vise à vous amener à mal utiliser tout don que Dieu vous a confié. Dieu a donné à certains d'entre nous des dons spirituels, des vocations, de l'argent, des talents, de l'instruction, des contacts, le pouvoir et de l'influence.

La plupart de ceux qui ont ces dons de Dieu en font mauvais usage. Satan suggère habilement que nous utilisions les bénédictions données par Dieu sur d'autres choses que la volonté de Dieu. C'est la raison pour laquelle beaucoup de Chrétiens bénis ne soutiennent pas sans réserve l'œuvre de Dieu mais ils soutiennent leurs propres vies ! Ceci explique également pourquoi beaucoup d'hommes de Dieu dévient de leur appel et spolient le don de Dieu.

La puissance de la suggestion semble faible et insignifiante mais c'est la voie principale d'accès des démons. Je me souviens avoir lu une vision puissante de l'épouse d'un pasteur qui a expérimenté exactement ce dont je parle. Elle a reçu une suggestion de type un du diable.

Dans cette vision, Jésus est apparu à Kenneth Hagin et lui a parlé longuement sur le sujet des démons et comment ils ont une emprise sur les gens. Jésus disait à Kenneth Hagin qu'il l'enseignerait sur le diable, les démons et la possession démoniaque. Jésus a ouvert le règne spirituel à Kenneth Hagin et il a vu une femme qu'il a reconnue mais qu'il ne connaissait pas personnellement.

Cette dame était l'épouse d'un pasteur qui était dans le ministère avec son mari. Elle avait un don impressionnant pour chanter mais elle avait abandonné son mari et suivi sa propre voie.

Jésus a expliqué à Kenneth Hagin que cette femme était un enfant de Dieu jusqu'au jour où le diable lui est apparu. Au moment où Jésus disait cela, Kenneth Hagin a vu en l'esprit, ce qui ressemblait à un petit singe venir s'asseoir sur l'épaule de l'épouse du pasteur et lui murmurer quelque chose à l'oreille.

Jésus a dit à Kenneth Hagin que le démon a dit à l'épouse du pasteur qu'elle était une belle femme à qui on avait volé beaucoup de choses dans la vie et que si elle était dans le monde, elle aurait la gloire, la fortune et la célébrité. Dans cette vision, la femme a reconnu que cette pensée venait du diable et a donc menacé le démon et sur ce, Kenneth Hagin a vu le petit singe sauter de son épaule et s'enfuir.

Jésus a dit à Kenneth Hagin que ce démon revenait continuellement s'asseoir sur l'épaule de la femme pour lui murmurer là même chose. A chaque fois cette épouse de pasteur reconnaissait la voix du diable et le chassait et le démon s'en allait.

Jésus a continué Son récit à Kenneth Hagin et a dit qu'après un certain temps le démon est revenu tenter la femme. Au moment où Jésus disait cela, Kenneth Hagin a vu dans la vision ce petit lutin venir s'asseoir encore une fois sur les épaules de cette épouse de pasteur et lui murmurer quelque chose.

Jésus expliquait à Kenneth Hagin qu'à cette époque, l'épouse de pasteur a commencé à avoir les mêmes pensées que Satan, Elle a commencé à se dire qu'elle était belle et qu'elle avait été dupée dans la vie. Jésus a continué à expliquer à Kenneth Hagin que quand cette femme de pasteur a commencé à avoir de telles pensées, elle est devenue obsédée par les pensées du diable. Au moment où Jésus disait cela, Kenneth Hagin a vu dans l'esprit que l'épouse du pasteur avait changé et qu'elle était devenue transparente comme si elle était de verre. Puis il a vu un point noir dans sa tête de la taille de la moitié d'une pièce d'un dollar.

Jésus a expliqué à Kenneth Hagin qu'au début le diable opprimait cette femme de l'extérieur mais dès qu'elle a écouté la voix du diable, elle est devenue obsédée par les pensées du diable. Jésus dit à Kenneth Hagin qu'en fin de compte, cette épouse de pasteur a quitté son mari et est partie avec un autre homme. Elle est allée d'homme en homme jusqu'à un moment donné elle avait été avec cinq hommes différents.

Au fur et à mesure que la vision se déroulait, Kenneth Hagin a vu un serviteur de Dieu, qui se tenait devant un hôtel où cette femme de pasteur vivait avec un autre homme. Il était allé pour réconcilier l'épouse du pasteur avec son mari.

Dans la vision, Kenneth Hagin s'est vu apparaître dans le couloir à côté de ce serviteur de Dieu au moment où il frappait à la porte de la chambre d'hôtel où l'épouse de pasteur vivait avec son partenaire. Il l'a vue dans la vision venir à la porte presque nue. Elle a renvoyé le serviteur de Dieu en disant qu'elle savait pourquoi il était venu et qu'elle ne voulait rien avoir à faire avec Jésus.

Lorsqu'elle eut dit cela, Kenneth Hagin a vu en esprit ce gros point noir dans sa tête, se déplacer à l'intérieur d'elle de sa tête vers le bas dans son cœur puis dans son esprit. Jésus expliqua à Kenneth Hagin qu'à ce stade, cette femme était devenue possédée par le diable.

Ce que le diable a présenté à cette femme au départ comme une suggestion, s'est implanté dans son esprit et a fini par posséder son cœur et son esprit. Ceci illustre comment Satan a utilisé le pouvoir de suggestion jusqu'à ce que cette femme soit totalement détruite.

La bonne et mauvaise manière de penser

C'est la raison pour laquelle la Bible enseigne exactement ce qui doit être l'objet de nos pensées. La pensée est le champ de bataille de votre âme. Lorsque de mauvaises pensées sont établies en vous, vous souffrez de déceptions et d'illusions. Satan utilise alors ces idées délirantes pour vous détruire. Il est important de détruire constamment les raisonnements qui sont contraires à la volonté de Dieu.

> **Car les armes avec lesquelles nous combattons ne sont pas charnelles ; mais elles sont puissantes, par la vertu de Dieu, pour renverser des forteresses.**
>
> **2 Corinthiens 10:4**

Vous devez aussi contrôler votre mode de pensée dans votre esprit. Vos pensées doivent valider le test de Philippiens 4:8 avant d'avoir le droit de rester en vous. Les pensées sont comme des oiseaux, elles peuvent voler au-dessus votre tête. Mais vous pouvez les empêcher de bâtir leurs nids dans votre tête.

> **Au reste, frères, que tout ce qui est vrai, tout ce qui est honorable, tout ce qui est juste, tout ce qui est pur, tout ce qui est aimable, tout ce qui mérite l'approbation, ce qui est vertueux et digne de louange, soit l'objet de vos pensées.**
>
> **Philippiens 4:8**

Chapitre 18

Les démons causent des changements physiques chez les humains

… Il avait eu les fers aux pieds et avait été lié de chaînes ... ET PERSONNE N'AVAIT LA FORCE DE LE DOMPTER.

Marc 5:4

Ceux qui faisaient cela étaient sept fils de Scéva, Juif, l'un des principaux sacrificateurs. L'esprit malin leur répondit : Je connais Jésus, et je sais qui est Paul ; mais vous, qui êtes-vous ? ET L'HOMME DANS LEQUEL ETAIT L'ESPRIT MALIN S'ÉLANÇA SUR EUX, SE RENDIT MAITRE DE TOUS DEUX, et LES MALTRAITA de telle sorte qu'ils s'enfuirent de cette maison nus et blessés.

Actes 19:14-16

À partir de ces deux récits, nous voyons que les démons donnaient une force humaine singulière. Un seul homme fou était capable de battre sept personnes. C'est la force surnaturelle. L'homme fou de Gadara était capable de briser des chaînes. Il n'est pas naturel d'être capable de briser des chaînes à mains nues. Même les champions d'haltérophilie ne brisent pas des chaînes avec leurs mains nues.

Ce principe livre une révélation très importante de l'effet que les esprits mauvais peuvent avoir sur nos corps physiques. Les esprits mauvais veulent habiter dans un corps humain pour pouvoir affecter cette personne physiquement. La présence d'esprits mauvais dans votre corps peut causer des maladies. Lorsque vous ouvrez votre vie à des mauvais esprits, ils peuvent se fixer à votre corps et provoquer des maladies.

J'ai lu deux témoignages puissants dans l'un des livres de Kenneth Hagin qui illustrent parfaitement ce principe. Dans l'un d'eux, une dame âgée de vingt-trois ans souffrait d'un cancer des poumons et a été guérie quand le démon a été chassé. Elle avait été conduite à une réunion que le Révérend Kenneth Hagin tenait dans une ville donnée afin qu'il prie pour elle. À peine Kenneth Hagin lui a imposé les mains, qu'il fut soudainement enveloppé d'une nuée de gloire et il vit une petite créature qui ressemblait à un singe accroché à une branche d'arbre, à l'extérieur du corps de la femme. La créature qui ressemblait à un singe était suspendue au poumon gauche de la femme où le cancer avait commencé. Le Révérend Hagin lui a ordonné de partir mais il a refusé. Alors Kenneth Hagin lui a commandé de partir au Nom du Seigneur Jésus Christ et il est tombé du corps de la dame. Il râlait et gémissait et il tremblotait comme un chien battu.

Puis Kenneth Hagin lui a commandé de quitter les lieux et il a vu cette créature à courir dans l'allée centrale et sortir par la porte.

Cette dame fut complètement guérie par la suite. Cette même semaine elle est allée voir les médecins qui lui ont dit que ses poumons étaient guéris et surpris, ils lui ont demandé comment cela est arrivé.

Dans le deuxième témoignage, une épouse de pasteur qui avait un cancer du sein a été guérie quand un esprit mauvais est sorti d'elle. Le cancer avait commencé dans le sein gauche de la dame et s'était propagé vers ses glandes lymphatiques. Au moment où elle se rendait chez les médecins, il était trop tard et ils ne pouvaient plus rien pour elle.

Kenneth Hagin est allée prier pour elle avec son épouse et un autre pasteur. Ils ont continué à prier pour cette dame pendant deux jours et deux nuits. Soudain, le Saint-Esprit leur a demandé d'aller se tenir à la tête du lit et d'ordonner à l'esprit de doute et de crainte de partir. Dès que Kenneth Hagin a obéi, il a vu une grosse chauve-souris noire, deux fois de la taille d'une main d'un homme, sortir du sein droit de cette femme agonisante et s'envoler par la fenêtre.

La femme se leva aussitôt complètement guérie. Elle a loué Dieu et dansé dans toute la maison. Elle était complètement délivrée et libérée.

N'est-il pas incroyable de voir comment la présence d'un démon peut causer le cancer ?

Quand les démons causent l'épilepsie

Et un homme de la foule lui répondit: Maître, j'ai amené auprès de toi mon fils, qui est possédé d'un esprit muet. En quelque lieu qu'il le saisisse, il le jette par terre; l'enfant écume, grince des dents, et devient tout raide. J'ai prié tes disciples de chasser l'esprit, et ils n'ont pas pu.

Race incrédule, leur dit Jésus, jusques à quand serai-je avec vous ? Jusques à quand vous supporterai-je ? Amenez-le-moi. On le lui amena. Et aussitôt que l'enfant vit Jésus, L'ESPRIT L'AGITA AVEC VIOLENCE ; IL TOMBA PAR TERRE, ET SE ROULAIT EN ÉCUMANT. Jésus demanda au père : Combien y a-t-il de temps que cela lui arrive ? Depuis son enfance, répondit-il. Et souvent l'esprit l'a jeté dans le feu et dans l'eau pour le faire périr. Mais, si tu peux quelque chose, viens à notre secours, aie compassion de nous. Jésus lui dit : Si tu peux ! ... Tout est possible à celui qui croit. Aussitôt le père de l'enfant s'écria : Je crois ! Viens au secours de mon incrédulité !

Jésus, voyant accourir la foule, menaça l'esprit impur, et lui dit : Esprit muet et sourd, je te l'ordonne, sors de cet enfant, et n'y rentre plus. Et il sortit, en poussant des cris, et en l'agitant avec une grande violence. L'enfant devint comme mort, de sorte que plusieurs disaient qu'il était mort. Mais Jésus, l'ayant pris par la main, le fit lever. Et il se tint debout.

Quand Jésus fut entré dans la maison, ses disciples lui demandèrent en particulier : Pourquoi n'avons-nous

pu chasser cet esprit ? Il leur dit : Cette espèce-là ne peut sortir que par la prière.

Marc 9:17-29

La présence de l'esprit mauvais provoquait des convulsions chroniques chez le jeune homme. L'esprit mauvais le poussait à se jeter dans le feu. La présence des esprits mauvais donne lieu à toutes sortes de maladies physiques.

Les esprits mauvais peuvent être à l'origine de la stérilité ! Les esprits mauvais causent des cancers ! Les esprits mauvais provoquent de maladies cardiaques. Les esprits mauvais sont responsables des maladies mentales. Vous devriez toujours attaquer les esprits mauvais selon que vous êtes conduit par l'Esprit de Dieu.

Hurler et se rouler par terre

Certaine personne ne comprennent pas pourquoi les gens se tordent et hurlent quand les démons sortent de leurs corps. Mais les Écritures montrent que pendant le ministère de Philippe, les esprits mauvais sortaient en hurlant.

Philippe, étant descendu dans la ville de Samarie, y prêcha le Christ. Les foules tout entières étaient attentives à ce que disait Philippe, lorsqu'elles apprirent et virent les miracles qu'il faisait. CAR DES ESPRITS IMPURS SORTIRENT DE PLUSIEURS DÉMONIAQUES, EN POUSSANT DE GRANDS CRIS, et beaucoup de paralytiques et de boiteux furent guéris. Et il y eut une grande joie dans cette ville.

Actes 8:5-8

Hurler et se rouler sont des faits bibliques courants. Ce sont les manifestations d'esprits mauvais sortant des êtres humains.

Vivre lascivement

Il existe d'autres manifestations physiques de la présence d'esprits mauvais. Certains esprits malfaisants entraînent une accentuation des comportements libidineux. Certaines personnes sous l'influence des mauvais esprits, sont piégées dans des comportements extrêmement lascifs et immoraux. Un désir contre nature et une pratique anormale de la sexualité, les poussent à toutes sortes d'expériences.

Les prophètes ont pleuré Babylone parce qu'elle était devenue la demeure des mauvais esprits. Lorsque ces mauvais esprits habitaient Babylone que s'est-il passé ? Elle a commis la fornication, a vécu voluptueusement, et s'est glorifiée elle-même.

> **Il cria d'une voix forte, disant : Elle est tombée, elle est tombée, Babylone la grande ! Elle est devenue une habitation de démons, un repaire de tout esprit impur, un repaire de tout oiseau impur et odieux,**
>
> **Autant elle s'est glorifiée et PLONGÉE DANS LE LUXE, autant donnez-lui de tourment et de deuil. Parce qu'elle dit en son coeur : Je suis assise en reine, je ne suis point veuve, et je ne verrai point de deuil !**
>
> **Et tous les rois de la terre, QUI SE SONT LIVRÉS AVEC ELLE A L'IMPUDICITÉ ET AU LUXE, pleureront et se lamenteront à cause d'elle, quand ils verront la fumée de son embrasement.**
>
> **Apocalypse 18:2,7,9**

Comment les oiseaux sont venus

Babylone est décrite comme un repaire de tout oiseau impur. Elle est décrite comme une femme qui est devenue l'habitation des esprits impurs.

> **Il cria d'une voix forte, disant : Elle est tombée, elle est tombée, Babylone la grande ! Elle est devenue une habitation de démons, un repaire de tout esprit impur, un repaire de tout oiseau impur et odieux,**
>
> **Apocalypse 18:2**

Comment ces esprits mauvais sont-ils entrés en Babylone en premier lieu ? La Bible nous donne la réponse. Elle explique que ces esprits mauvais sont entrés parce que plusieurs personnes ont bu du vin de sa fornication.

Les esprits mauvais demeurent en ceux (hommes et femmes) qui s'adonnent à la fornication avec des partenaires multiples (les nations). Ces esprits mauvais habitent les hommes et les poussent à vivre de manière impudique (immoralement) pour une saison de leurs vies. Souvent quand ces individus deviennent plus âgés et moins sexuellement actifs, les esprits mauvais les quittent pour des candidats plus jeunes. Beaucoup de ces individus ne révèleraient jamais jusqu'à quelle bassesse ces esprits les ont conduits.

Nations et démons

Les modes de vie agréables de certaines nations sont souvent une manifestation des démons dans ces pays. Dans certains pays, les mauvais esprits provoquent parfois l'apparence physique de la saleté de sous-développement. Ces gens sont résistants à toutes les formes d'amélioration. Les guerres implacables dans de nombreux pays démontrent également l'activité démoniaque.

Cher ami chrétien, de mauvais esprits ont un effet sur votre corps physique. Ces effets peuvent vous pousser à vous livrer à des péchés charnels ou à être violent. Les mauvais esprits peuvent également lier un croyant à des maladies étranges. Le temps de l'ignorance est passé. Nous ne sommes plus ignorants des ruses du diable.

Chapitre 19

La présence de Dieu défie les démons

Ayant vu Jésus, il poussa un cri, … Je t'en supplie, ne me tourmente pas.

Luc 8:28

Quand Jésus est apparu sur la scène, les démons dans l'homme fou se sont manifestés. Ils ont crié contre le Seigneur.

La présence de Dieu est l'environnement dans lequel les esprits mauvais ne sont pas à l'aise. L'homme fou de Gadara réagi à la présence de Jésus. La présence de Dieu va toujours agiter les mauvais esprits. C'est pourquoi des gens parfaitement normaux vont avoir des manifestations étranges quand ils sont à l'église.

En Marc 1, une personne parfaitement normale a commencé à crier dans le temple pendant que Jésus prêchait.

Il se trouva dans leur synagogue un homme qui avait un esprit impur, ET QUI S'ÉCRIA : Qu'y a-t-il entre nous et toi, Jésus de Nazareth ? Tu es venu pour nous perdre. Je sais qui tu es : le Saint de Dieu. Jésus le menaça, disant : Tais-toi, et sors de cet homme. Et l'esprit impur sortit de cet homme, en l'agitant avec violence, et en poussant un grand cri.

Marc 1:23-26

Quand vous comprenez que la présence de Dieu chasse les esprits mauvais, vous allez cultiver constamment la présence de Dieu dans votre vie. Vous allez désirer la présence de Dieu à la maison, au bureau, et à l'église.

Il y a deux raisons qui expliquent pourquoi la présence de Dieu agite les esprits mauvais.

1. **Dans la présence de Dieu, la Parole de Dieu est prêchée et enseignée**

La Parole de Dieu est une épée tranchante

> **Car la parole de Dieu est vivante et efficace, PLUS TRANCHANTE QU'UNE ÉPEE QUELCONQUE À DEUX TRANCHANTS ...**
>
> **Hébreux 4:12**

Pendant que la Parole de Dieu est proclamée, des épées sont lancées dans le règne spirituel. Aucun démon n'apprécie être la cible des épées. C'est la raison pour laquelle l'homme dans la synagogue a réagi à la prédication de Jésus. Jésus n'a pas prié, Il a seulement prêché. Jésus n'a lié aucun démon, Il a seulement prêché la Parole de Dieu. La Parole de Dieu est véritablement une épée de l'esprit.

2. **La Parole de Dieu est la lumière et la lumière expose les activités des démons**

> **La lumière luit dans les ténèbres, et les ténèbres ne l'ont point reçue.**
>
> **Jean 1:5**

Quand la Parole est prêchée, la lumière jaillit et les démons sont exposés. Plus vous avez la Parole en vous, et plus l'ennemi est exposé. Satan ne peut jamais opérer efficacement contre vous dans la lumière. L'obscurité est essentielle pour l'activité démoniaque.

Créer votre propre atmosphère

La Bible enseigne que Dieu siège dans la louange. Lorsque la louange et l'adoration montent, la présence de Dieu devient très forte et les esprits mauvais sentent le feu.

> **Pourtant tu es le Saint, Tu SIÈGES AU MILIEU DES LOUANGES d'Israël.**
>
> **Psaume 22:3**

Il est possible de créer le même environnement que celui de l'église partout.

Vous pouvez le faire en écoutant vos cassettes et CD d'adoration partout où vous allez. Vous pouvez les avoir à la maison, dans votre voiture ou dans votre bureau. De nombreux chirurgiens jouent de la musique pendant qu'ils opèrent. Pourquoi ne pas jouer de la musique d'adoration pendant que vous travaillez ?

Vous pouvez aussi avoir des cassettes de prédication avec vous où que vous alliez.

La prédication et l'adoration sont les deux éléments principaux pour créer la bonne atmosphère. Où que j'aille, j'ai toujours avec moi mes cassettes de musique et de ma prédication. Du Paraguay à Toronto, je crée toujours ma propre atmosphère avec des cassettes de prédication et de la musique d'adoration. Cet environnement est antidémoniaque. Beaucoup de personnes souffrent de dépression parce qu'elles ne savent pas produire l'atmosphère adéquate pour leurs vies. Au lieu d'avoir de la musique d'adoration, elles écoutent de la musique séculaire à la radio. Au lieu d'écouter des prédications, ces personnes écoutent les discussions politiques et les mauvaises nouvelles dans le monde.

La musique et la présence de Dieu

Malheureusement, de nombreux chrétiens ne connaissent pas l'effet que produit la musique sur les esprits mauvais. Il y a quatre récits bibliques qui nous mettent en garde sur le fait de jouer de la mauvaise musique.

1. Satan, autrefois appelé Lucifer, a été créé pour adorer Dieu. La musique était réellement incorporée en lui quand il a été formé. Lucifer a été créé, avec des tambourins et des flûtes. Depuis qu'il est tombé, ce don de la musique a été corrompu et utilisé pour combattre contre Dieu.

Tout chrétien devrait se garder de la musique profane, même si elle paraît inoffensive. Les musiciens chrétiens ne doivent pas jouer de la musique du monde, s'ils veulent être véritablement spirituels. Avez-vous déjà été confus quant au genre de musique chrétienne produite aujourd'hui ? J'ai entendu plusieurs personnes spirituelles déclarer qu'elles ont du mal à écouter de la soi-disant musique gospel.

> **Tu étais en Eden, le jardin de Dieu ; Tu étais couvert de toute espèce de pierres précieuses, de sardoine, de topaze, de diamant, de chrysolithe, d'onyx, de jaspe, de saphir, d'escarboucle, d'émeraude, et d'or ; TES TAMBOURINS ET TES FLUTES ÉTAIENT À TON SERVICE, PRÉPARÉS POUR LE JOUR OU TU FUS CRÉÉ.**
>
> **Ezéchiel 28:13**

2. Quand le Roi Saul était tourmenté par un mauvais esprit, on utilisait la musique instrumentale pour chasser les démons.

> **L'esprit de l'Éternel se retira de Saül, qui fut agité par un mauvais esprit venant de l'Éternel. Les serviteurs de Saül lui dirent : Voici, un mauvais esprit de Dieu t'agite. Que notre seigneur parle ! Tes serviteurs sont devant toi. Ils chercheront un homme qui sache jouer de la harpe ; et, quand le mauvais esprit de Dieu sera sur toi, il jouera de sa main, et tu seras soulagé. Saül répondit à ses serviteurs : Trouvez-moi donc un homme qui joue bien, et amenez-le-moi.**
>
> **L'un des serviteurs prit la parole, et dit : Voici, j'ai vu un fils d'Isaï, Bethléhémite, qui sait jouer ; c'est aussi un homme fort et vaillant, un guerrier, parlant bien et d'une belle figure, et L'ÉTERNEL est avec lui.**
>
> **Saül envoya des messagers à Isaï, pour lui dire : Envoie-moi David, ton fils, qui est avec les brebis. Isaï prit un âne, qu'il chargea de pain, d'une outre de vin et d'un chevreau, et il envoya ces choses à Saül par David, son fils.**
>
> **David arriva auprès de Saül, et se présenta devant lui ; il plut beaucoup à Saül, et il fut désigné pour porter ses armes. Saül fit dire à Isaï : Je te prie de laisser David à mon service, car il a trouvé grâce à mes yeux. ET**

LORSQUE L'ESPRIT DE DIEU ÉTAIT SUR SAÜL, DAVID PRENAIT LA HARPE ET JOUAIT DE SA MAIN ; SAÜL RESPIRAIT ALORS PLUS À L'AISE ET SE TROUVAIT SOULAGÉ, ET LE MAUVAIS ESPRIT SE RETIRAIT DE LUI.

1 Samuel 16:14-23

Cher ami, si la musique peut chasser les démons, elle est certainement en mesure de les attirer aussi ! Prenez garde à ce que vous écoutez, car cela pourrait attirer les démons dans votre vie. La plupart des musiques gospel charnelles sont chargées de mauvais esprits. Les gens sont remplis d'esprits de débauche et de violence quand ils écoutent certains genres de musique.

Tout est permis, mais tout n'est pas utile ; tout est permis, mais tout n'édifie pas.

1 Corinthiens 10:23

3. Quand Elisée avait besoin d'entendre l'Esprit de Dieu, il faisait appel au joueur de harpe. Pendant que le musicien jouait, l'Esprit de Dieu descendait sur lui et il prophétisait.

Elisée dit… Maintenant, amenez-moi un joueur de harpe. Et comme le joueur de harpe jouait, la main de L'ÉTERNEL fut sur Elisée. Et il dit : Ainsi parle L'ÉTERNEL : Faites dans cette vallée des fosses, des fosses !

2 Rois 3:14-16

Incontestablement, ce témoignage doit vous enseigner quelque chose: La bonne musique peut attirer la présence de Dieu !

4. Quand les musiciens dans le temple jouaient des instruments et adoraient Dieu, la présence de Dieu remplissait la maison.

Et lorsque CEUX QUI SONNAIENT DES TROMPETTES ET CEUX QUI CHANTAIENT, S'UNISSANT D'UN MÊME ACCORD pour célébrer et pour louer L'ÉTERNEL, firent retentir les trompettes, les cymbales et les autres instruments, et

célébrèrent l'Eternel par ces paroles : Car il est bon, car sa miséricorde dure à toujours ! En ce moment, LA MAISON, LA MAISON DE L'ÉTERNEL FUT REMPLIE D'UNE NUÉE.

2 Chroniques 5:13

La nuée de gloire est descendue car les musiciens et les chanteurs ont fait ce qu'il fallait faire. Certes, nous devons apprendre de ce récit que le bon type de chant et le bon genre de musique instrumentale attire la présence de Dieu. J'ai plusieurs fois senti la présence de Dieu pendant que j'écoutais de la musique ointe et inspirée. La musique est vraiment un moyen de communication puissant qui vous fera entrer dans la présence de Dieu.

Chapitre 20

Identifiez les démons

Jésus lui demanda : QUEL EST TON NOM ? Légion, répondit-il.

Luc 8:30

Dans le domaine médical, 80% de votre travail est accompli lorsque vous êtes capable de diagnostiquer la maladie que vous traitez. Souvent, la difficulté est de pouvoir identifier le problème. Il existe de nombreuses maladies insaisissables, impossibles à diagnostiquer. Ce sont les maladies les plus difficiles à traiter. De la même manière, les démons et l'activité démoniaque doivent être identifiés (diagnostiqués), afin de pouvoir les combattre.

Vous pensez peut-être avoir affaire à un esprit de fornication, mais en fait, il peut s'agir d'un esprit de mort. Dès que vous pouvez mettre le doigt sur le problème, vous êtes sur la bonne voie pour avoir une percée. Si je me mettais à crier : « Viens ici », peut-être que personne en particulier ne viendrait à moi. Mais si je me mets à crier, « Jack Toronto, viens ici », Jack Toronto se lèverait et viendrait à moi.

Dans les deux cas, j'ai dit: « Viens ici ». L'un des ordres a donné des résultats mais l'autre non. Le fait de mentionner spécifiquement le nom du problème en le traitant, est la clé pour affronter les puissances démoniaques. C'est pourquoi Jésus a demandé à l'homme fou de Gadara: « Quel est ton nom ? » Il avait besoin de nommer l'esprit afin d'être en mesure de le chasser.

Commencez à mentionner les noms des esprits qui vous harcèlent. Demandez à Dieu de vous révéler l'identité réelle des esprits.

Une fois alors que je priais, le Seigneur a révélé les noms de certains démons auxquels j'étais confronté. Dans un cas, le

Seigneur m'a dit que le nom du problème était « la mort » . Il a poursuivi en me montrant que Satan essayait de me tuer par l'entremise de certains de mes pasteurs. Nous devons demander à Dieu le Saint-Esprit pour pouvoir combattre l'ennemi.

Quel est ton nom ? Quel est ton nom ? Quel est ton nom ? C'est la question la plus importante à poser lorsqu'on combat contre les démons.

Du reste, mon fils, tire instruction de ces choses ; on ne finirait pas, si l'on voulait faire un grand nombre de livres.

Chapitre 21

Les démons perdent leur emprise quand vous leur résistez

Ayant vu Jésus de loin, il accourut, se prosterna devant lui,

Marc 5:6

Dans un moment de lucidité, l'homme fou de Gadara s'est libéré du contrôle des démons et a couru pour adorer Jésus. Satan cherche à avoir le contrôle sur nous. La seule manière pour y arriver, c'est à travers nos pensées.

Le diable lui dit, ...ordonne à cette pierre qu'elle devienne du pain ... Jésus lui répondit: ...L'homme ne vivra pas de pain seulement.

Luc 4:3-4

Le serpent était le plus rusé de tous les animaux des champs, que L'ÉTERNEL Dieu avait faits. Il dit à la femme: Dieu a-t-il réellement dit : Vous ne mangerez pas de tous les arbres du jardin ? La femme répondit au serpent : Nous mangeons du fruit des arbres du jardin. Mais quant au fruit de l'arbre qui est au milieu du jardin, Dieu a dit : Vous n'en mangerez point et vous n'y toucherez point, de peur que vous ne mouriez.

Alors le serpent dit à la femme : Vous ne mourrez point ; Mais Dieu sait que, le jour où vous en mangerez, vos yeux s'ouvriront, et que vous serez comme des dieux, connaissant le bien et le mal. La femme vit que l'arbre était bon à manger et agréable à la vue, et qu'il était précieux pour ouvrir l'intelligence ; elle prit de son fruit, et en mangea ; elle en donna aussi à son mari, qui était auprès d'elle, et il en mangea.

Genèse 3:1-6

Beaucoup de gens sont maintenus dans la servitude, parce que leur mode de pensée s'aligne sur les tromperies démoniaques. Les gens sont retenus captifs aussi longtemps que leurs pensées sont en accord avec les idées qui proviennent de Satan. Malheureusement, les pensées de beaucoup de croyants s'accordent avec celles de Satan, parce que nous n'étudions ni ne croyons en la Parole.

Quand une personne est pleine de pensées de mécontentement et de critiques, le démon de la haine peut facilement prendre le contrôle. Nos pensées naturelles de vengeance, de rancœur, de dépression et de crainte sont bien en harmonie avec l'esprit de maladie, d'infirmité, et même de mort. C'est pourquoi la Parole de Dieu est si importante. Elle nous met en complet désaccord avec les suggestions du diable.

Il est très facile d'accepter les délires démoniaques. Les tromperies du diable ressemblent de près à la vérité. Parfois, nous sommes inconsciemment pris au dépourvu quand nous dévions et acceptons les suggestions contraires à la Bible.

C'est là qu'intervient la fermeté. La fermeté est un mot dérivé d'un terme de la marine, qui signifie maintenir le cap. Cela signifie également revenir dans la bonne direction après avoir fait une déviation.

Nous avons tous tendance à faire des excursions, de temps en temps, mais l'esprit de fermeté doit nous ramener à la Parole. Prenez position et résistez à tout ce qui n'est pas biblique.

Du reste, mon fils, tire instruction de ces choses ; on ne finirait pas, si l'on voulait faire un grand nombre de livres.

Chapitre 22

Les démons sont persévérants

Après l'avoir tenté de toutes ces manières, LE DIABLE S'ÉLOIGNA DE LUI JUSQU'A UN MOMENT FAVORABLE.

Luc 4:13

Satan est un être très tenace. Dans la tentation de Jésus, il a quitté le Seigneur que pour un temps. Chaque fois que vous subissez une attaque démoniaque, vous devez prendre conscience de cette nature persévérante. Vous devez combattre en étant encore plus déterminé à être libre.

Dans le désert, Jésus a été tenté pour qu'il prenne un raccourci dans Son ministère. Satan a demandé à Jésus de se prosterner et de l'adorer afin qu'il Lui donne le monde entier. C'était un moyen rapide pour gagner le monde entier, au lieu d'avoir à souffrir. Quelques années plus tard, Satan est réapparu à travers Pierre et s'est opposé à l'idée de la souffrance sur la croix.

Dès lors Jésus commença à faire connaître à ses disciples qu'il fallait qu'il allât à Jérusalem, qu'il souffrît beaucoup de la part des anciens, des principaux sacrificateurs et des scribes, qu'il fût mis à mort, et qu'il ressuscitât le troisième jour. Pierre, l'ayant pris à part, se mit à le reprendre, et dit : À Dieu ne plaise, Seigneur ! Cela ne t'arrivera pas.

Matthieu 16:21-22

Encore une fois, Jésus a dû réprimander Satan. Même plus tard, Ponce Pilate demanda à Jésus : « Ne sais-tu pas que j'ai le pouvoir de libérer ? »

Pilate lui dit : Est-ce à moi que tu ne parles pas ? Ne sais-tu pas que j'ai le pouvoir de te crucifier, et que j'ai le pouvoir de te relâcher ?

Jean 19:10

Il s'agissait encore de suggérer à Jésus qu'il pouvait éviter la croix. Même alors que le Christ était sur la croix, les hommes hochaient la tête et L'incitaient à descendre de la croix pour prouver qu'Il est le Fils de Dieu.

Les principaux sacrificateurs aussi, avec les scribes, se moquaient entre eux, et disaient: Il a sauvé les autres, et il ne peut se sauver lui-même !

> **Que le Christ, le roi d'Israël, descende maintenant de la croix, afin que nous voyions et que nous croyions ! Ceux qui étaient crucifiés avec lui l'insultaient aussi.**
>
> **Marc 15:31-32**

Satan n'a jamais renoncé jusqu'à ce que Jésus meure. Satan n'abandonnera jamais jusqu'à ce que vous et moi soyons morts. Même si vous avez soixante-dix ans il essaiera encore de vous tromper. Nous sommes face à un ennemi tenace.

Dieu nous a donné la ténacité d'une chèvre de montagne, l'œil d'un aigle, le cœur d'un lion, l'endurance d'un chameau, la force d'un cheval et la fermeté d'un requin ! Nous sommes plus que capables de résister aux assauts du diable. Quelqu'un me demandait si on pouvait être un jour à l'abri des attaques du diable. Je lui ai dit : « C'est seulement quand vous serez mort. » Il a été choqué mais c'est la vérité.

Dans ma propre vie et dans mon ministère, j'ai vu que Satan était persévérant dans ses attaques. Satan a été implacable et inflexible dans ses assauts. Il revient sans vergogne avec le même problème après une saison de répit.

Parfois, il donne une nouvelle apparence au problème, mais c'est le même problème reconditionné et représenté. Ne laissez pas le caractère persistant des problèmes vous décourager. Telle est la nature de l'ennemi auquel nous sommes confrontés. Levez-vous avec la ténacité d'une chèvre de montagne, et dominez sur votre ennemi aujourd'hui.

Du reste, mon fils, tire instruction de ces choses ; on ne finirait pas, si l'on voulait faire un grand nombre de livres.

Chapitre 23

Les serpents et les pasteurs

Malheureusement, les démons ont également infiltré les pasteurs et le leadership chrétien. Certains esprits ont une grande influence sur les serviteurs de Dieu.

Notez s'il vous plaît cette liste de démons que l'on voit couramment à l'œuvre parmi les pasteurs et leaders chrétiens. Cela nous aidera tous à identifier et à résister à l'ennemi au sein de nos rangs.

1. Autopromotion
2. Convoitise
3. Orgueil
4. Insécurité
5. Crainte de l'homme
6. Jalousie
7. Amertume
8. Religion
9. Tradition
10. Esprit de découragement
11. Dépression

Scott MacLeod raconte une vision étonnante qui illustre les activités des démons parmi les hommes de Dieu. Il est étonnant de voir comment Satan se glisse furtivement au milieu de nous et œuvre contre le ministère. Dans le livre de Job, nous lisons que Satan est venu au milieu d'une assemblée des fils de Dieu. Satan a toujours voulu être au milieu des frères pour accuser, diviser et tromper. Son désir est d'habiter parmi nous, et de semer la confusion. Son titre « accusateur des frères » , est le plus approprié. Il est capable de retourner les meilleurs amis du monde les uns contre les autres.

> **Or, les fils de Dieu vinrent un jour se présenter devant L'ETERNEL, et SATAN VINT AUSSI AU MILIEU D'EUX.**
>
> **Job 1:6**

Je veux partager une vision que je crois est vraiment révélatrice. Il est en effet effrayant que notre plus grand ennemi puisse s'infiltrer au plus haut niveau. Je crois que vous serez bénis en lisant ce récit fait par Scott MacLeod dans son livre « *Snakes in the lobby* ».

Le hall«

Voici la vision : je me trouvais dans le hall d'un hôtel renommé, dans lequel j'étais un peu plus tôt dans la même journée pour assister à une conférence de musique chrétienne très bien connue. Dans la vision le hall assez grand et ouvert était bondé, comme il l'est habituellement, d'hommes et des femmes venus de partout. Il s'agissait pour la plupart d'artistes, de musiciens ou des personnes directement impliquées dans le milieu de la musique. Les gens étaient occupés à parler tout en vaquant à leurs affaires (ce qui est communément appelé « faire des mondanités »), chacun habillé en tenue de musique appropriée.
À ma grande stupéfaction et avec horreur, j'ai vu ce qui ressemblait à un immense serpent allongé sur le sol du hall. Je ne pouvais même pas estimer sa longueur, mais il couvrait facilement toute la longueur de la pièce. Son milieu gras avait au moins deux mètres de hauteur et sa largeur atteignait près de six mètres. Il semblait totalement rempli. Et plus étonnant, les gens étaient effectivement appuyés contre lui !
Je pouvais à peine croire ce que je voyais. Ma première réaction fut de crier et d'avertir tout le monde, mais j'ai hésité parce que personne ne semblait s'en apercevoir - ils ont juste continué à s'occuper de leurs affaires. Beaucoup de gens ont été encerclés, et certains ont même été totalement

absorbés dans ses anneaux monstrueux, et pourtant, ils en étaient encore inconscients. Ils étaient tous en grand danger. Je ne saurais dire si les gens n'étaient pas capables de voir ce que je voyais, ou s'ils étaient tout simplement habitués à ce monstre. Il semblait presque être le bienvenu dans ce lieu. Je me suis demandé, « Qui a laissé cette chose ici ? Sûrement que cette chose doit être morte pour que les gens se tiennent debout à côté d'elle et soient si à l'aise avec. »

Puis c'est arrivé ...IL A BOUGÉ. Je ne pouvais croire qu'une chose qui paraissait si lourde puisse effectivement se déplacer. Mais il a fait. Il s'est lentement glissé entre quelques groupes de gens préoccupés afin de ne déranger personne. Il était silencieux, et personne ne l'a vu bouger. Personne ne semblait avoir un sentiment de danger. Cela était extrêmement confus pour moi. Il semblait que beaucoup de personnes en ce lieu, pour quelque raison, avaient totalement baissé leur garde. De toute évidence, vu tout ce que je voyais, la situation semblait invraisemblable. Pendant que je me tenais là, fort embarrassé par cette scène étrange, je fus subitement frappé par le sentiment terrible qu'il y avait d'autres serpents dans la salle.

J'ai regardé malgré moi prudemment dans la pièce. Nous étions entourés ! Les serpents de taille surdimensionnée étaient partout ! Comme je continuais à observer la situation, mes émotions ont commencé à évoluer rapidement du stade de choc initial et de terreur à une grande frustration parce que personne ne semblait être conscient de ces serpents. Bientôt, je fus rempli d'un sentiment de compassion pour les victimes aveuglées, et enfin une colère intense s'empara de moi, parce que ces créatures avaient en quelque sorte infiltré cet endroit. C'était cela. C'est tout ce que j'ai vu au premier abord. Mais j'ai su immédiatement que les gros serpents que j'avais vus dans cette vision sont les principautés et les puissances des ténèbres (ou les mauvais esprits) qui contrôlent et manipulent une grande partie de la musique chrétienne. Je savais que j'avais vu exactement le sujet pour lequel notre petit groupe venait de prier, et je leur ai partagé ce que j'avais vu. C'était comme si un petit écran de cinéma était apparu devant moi et me montrait ces choses, en couleur.

J'ai eu cette vision pendant environ 24 heures et j'en ai été surpris. Je suppose que j'avais espéré que cette première vision s'arrêterait là, car il n'était pas agréable de s'y attarder. Mais la vision est restée très graphique et les images ne disparaissaient pas. Après avoir eu l'estomac retourné à en devenir malade à cause de ce que j'avais vu, ma curiosité a commencé à grandir et j'ai commencé à me demander quelle en était la signification. Estimant qu'il devait y avoir une raison à cette scène interminable, j'ai finalement commencé à demander au Seigneur de me montrer la pleine signification de la vision.

Il l'a fait, et voici la révélation qui en a suivi :

Le plus gros : autopromotion

J'ai été reconduit dans le même lobby et chaque serpent m'a été présenté dans les détails les plus saisissants.

Le premier serpent qui m'a été révélé était le premier que j'avais vu précédemment, il était certainement le plus gros, il remplissait facilement toute la longueur du grand hall avec ses grands anneaux qui s'enroulaient partout. Ce serpent de couleur grisâtre était si grand que cela m'a pris pas mal de temps pour trouver son énorme tête. J'ai finalement repéré la tête cachée dans les masses enroulées de ses bourrelets de mammouth. Sa tête avait un creux et pourtant il avait un regard qui dévorait tout. Un seul mot me vint à l'esprit pendant que j'étudiais sa tête énorme - LA FAIM. Alors j'ai remarqué qu'il venait de finir de dévorer quelque chose ou quelqu'un. Instinctivement, j'ai su qu'il s'agissait de ce dernier. Ce serpent se nourrissait en fait des personnes présentes dans le hall et jusque là personne ne semblait le remarquer !

Ce serpent avait la capacité de s'enrouler lentement autour ses victimes à l'aide d'énormes anneaux puis de les avaler en entier sans même qu'elles ne s'en aperçoivent. Je savais par sa taille immense et son corps bosselé et très ballonné qu'il avait avalé de nombreuses victimes. Et à ma grande surprise, je pouvais voir que les victimes étaient toujours vivantes à l'intérieur du serpent. Ils bougeaient à l'intérieur du ventre de la créature qui continuait à s'étendre. Je pouvais encore

les entendre continuer leurs conversations ambitieuses avec les autres personnes dans le hall.
Le nom du serpent était « autopromotion » .
La plupart des victimes ne savaient pas qu'elles avaient été englouties par l'autopromotion. Mais certains d'entre eux, à mon grand désarroi, avaient volontairement et consciemment permis au serpent de les avaler. Le but ou les intentions de ces victimes étaient identiques à ceux de ce serpent boursouflé - ils voulaient tous devenir de plus en plus grands.

Le charmeur : convoitise

Le deuxième serpent que j'ai vu était à ma gauche - une très belle créature qui m'avait presque fait oublier l'horreur de la première. C'était un genre de caméléon, qui changeait constamment de couleur et d'apparence selon les désirs de ceux qui étaient sous son pouvoir. Il pouvait ressembler à tout ce que vous vouliez : homme, femme, jeune, vieux, innocent ou séduisant. Il se balançait d'avant en arrière, dans une danse hypnotique. Je me suis senti attiré vers lui, comme l'étaient beaucoup d'autres.
Soudain, je frémis de dégoût, car je connaissais cette chose hideuse. Son nom était « Convoitise » . Je ne l'avais pas reconnu au début, car il était incroyablement charmeur.
Il y avait un groupe important de personnes rassemblées autour de lui, et ils étaient en fait en train de flirter et danser avec lui et entre eux. Sans même perdre le rythme de sa danse de cobra, la convoitise frappait ses partenaires en un flash de crocs, avec des langues fourchues qui étaient identiques à cette langue de serpent toujours vacillante, les gens se disaient l'un à l'autre des flatteries trompeuses. Ils commençaient à réaliser qu'ils pouvaient utiliser le pouvoir pour eux-mêmes. Ils pouvaient obtenir ce qu'ils voulaient plus rapidement en utilisant la puissance de la Convoitise. J'ai réalisé que beaucoup de victimes qui étaient actuellement détenues en captivité dans le ventre d'Autopromotion avaient d'abord été mordues et empoisonnées par la « Convoitise » .
Quand une personne est mordue par la Convoitise, le venin produit une réelle élévation. Mais pas pour longtemps et peu

de temps après, sa victime devient malade. Alors souvent pour avoir du soulagement, la victime revient pour une autre morsure (car le venin produit une très forte dépendance) jusqu'à ce qu'il ou elle soit complètement consumé(e) par le poison. La victime à son tour pique d'autres personnes, et la maladie se propage. Je n'ai pas regardé la convoitise pendant longtemps, car je savais que son pouvoir séducteur était grand et mortel.

Deux serpents : l'orgueil et l'insécurité

Le serpent que je vis par la suite, était composé, en fait, de deux très longs serpents. Ils étaient entrelacés – enroulés l'un autour de l'autre, tout comme ce que font les serpents quand ils s'accouplent. En fait, c'était exactement ce qu'ils étaient en train de faire. L'un était rouge, l'autre était jaune. Ils s'enroulaient encore et encore, en faisant un bruit très désagréable qui remplissait toute la salle. Comme ils se tordaient et s'enroulaient, ils semblaient en fait se mordre mutuellement. Tout à coup, j'ai compris que cette masse contorsionnée était « l'Orgueil » et « l'Insécurité » . Ils se nourrissaient l'un de l'autre, et ils se reproduisaient selon leur propre espèce.

Puis j'ai jeté un regard autour de la salle et j'ai vu des gens qui devenaient jaune, puis rouge. Le jaune était la couleur de l'Insécurité et le rouge était la couleur de l'Orgueil. Les gens pouvaient changer en ces nuances dans les deux sens, tout comme les couleurs alternantes des serpents qui s'entrelaçaient.

Le hall tout entier semblait être illuminé par ces couleurs. Les deux travaillaient ensemble de manière bien coordonnée, mais ils avaient l'air de s'irriter mutuellement. Cela produisait un malaise inquiétant qui me donnait envie de hurler. Ces deux serpents produisaient en ceux qu'ils touchaient (presque tous, dans une certaine mesure) le sentiment d'être misérables. Cependant, ils ne voulaient pas l'admettre, parce que leur orgueil leur disait qu'ils pourraient sembler faibles, peu sûrs d'eux ou peut-être comme des personne ayant échoué. Donc, l'entrelacement a continué. Orgueil, Insécurité, Orgueil, Insécurité etc.

De la chair au lieu d'ecailles : la crainte de l'homme

J'ai été surpris du fait que j'avais même décelé ce qui devait suivre. J'ai su que c'était seulement parce que le Seigneur me permettait de le voir - Je ne l'aurais jamais remarqué de moi même. J'ai repéré ce qui m'avait d'abord paru être une personne qui était tombée, mais c'était beaucoup trop long pour être humain. Il était à moitié caché sous le comptoir de la réception et s'était empêtré entre les pieds des gens.

La raison pour laquelle j'avais d'abord cru qu'il s'agissait d'un humain est qu'il semblait avoir une peau humaine ou de la chair. Il avait ce qui ressemblait à une tête humaine. Bien qu'ayant la couleur de la chair et n'ayant pas d'écailles, il était bien évident qu'il s'agissait toujours d'un serpent. Il était à même le sol et charnel.

Celui-ci était « la crainte de l'homme » . Il n'avait pas grand chose à faire, parce que l'Orgueil et l'Insécurité faisaient le plus gros du travail. Il gisait là en balançant sa tête d'apparence humaine horizontalement d'avant en arrière. Puis j'ai remarqué que tous partout dans la salle faisaient la même chose, presque comme s'ils avaient été hypnotisés. Ils ne se préoccupaient que de savoir qui était qui, et comment ils étaient perçus par les autres, si bien qu'ils ne reconnaissent pas le mal au milieu d'eux. Cette créature insolite aveuglait ses victimes en éteignant la sainte crainte de Dieu et leur injectait à la place une peur mortelle de l'homme.

Tous ceux qui étaient dans la salle étaient tellement occupés à se regarder les uns les autres qu'ils ne savaient pas qu'ils étaient empêtrés par la crainte de l'homme. Il venait subtilement s'enrouler autour des pieds de ses victimes jusqu'à ce qu'ils ne puissent plus bouger, elles étaient complètement paralysées par la peur. Je me suis souvenu du verset : « La crainte des hommes tend un piège » (Proverbes 29:25).

Le summum : La jalousie

J'ai alors entendu un mouvement dessus de moi. Instinctivement, je levai les yeux, et là, à ma grande détresse, j'ai vu un autre serpent enroulé autour du balcon, sa queue sans fin s'étalait en longueur sur l'escalier roulant. Celui-ci était d'un vert éclatant. Il ressemblait à un de ces serpents mambas - très confortable dans les hauteurs. C'était « La Jalousie » et il était littéralement vert de jalousie. Il avait une respiration très lourde et semblait avoir le feu dans ses yeux. Je pourrais dire qu'il était en combustion à l'intérieur. Je ne voulais pas qu'il me surprenne à le regarder, parce que je craignais qu'il soit prêt à exploser de rage à tout moment. La jalousie attaquait les positions élevées. Il ne supportait pas d'être au plus bas. Son haleine brumeuse a libéré UN BROUILLARD DE CONCURRENCE qui remplissait la salle, je pouvais voir que ceux qui avaient respiré la brume, même s'ils causaient poliment avec leurs pairs, avaient maintenant le même feu brûlant dans leurs yeux comme le serpent. Et je savais qu'ils allaient attaquer et détruire ceux qui étaient dans les hauts lieux afin d'obtenir ces places pour eux-mêmes. Beaucoup de ces gens sont devenus des proies faciles pour l'Autopromotion.

Il est étonnant de voir que les démons se cachent au milieu de nous et nous influencent avec des illusions et des déceptions incroyables.

Malheureusement, beaucoup de choses que nous les serviteurs de Dieu faisons sont influencées par le diable. Les combats, la haine, l'autopromotion ne sont pas des produits de la nature de Dieu. Ils sont caractéristiques de la nature démoniaque et déchue.

Chapitre 24

Les démons et les églises

S'il vous plaît, prenez note de cette liste de démons que l'on trouve couramment dans l'église. Ceci vous aidera à identifier et à résister à l'ennemi.

1. l'esprit d'accusation
2. l'esprit de commérage
3. l'esprit de calomnie
4. l'esprit de critiques
5. l'esprit d'orgueil
6. l'esprit d'autosatisfaction
7. l'esprit de respectabilité
8. l'esprit d'ambition égoïste
9. l'esprit de jugement injuste
10. l'esprit de jalousie
11. l'esprit de l'accusateur des frères
12. l'esprit d'intimidation
13. l'esprit de traîtrise
14. l'esprit de rejet
15. l'esprit d'amertume
16. l'esprit d'impatience
17. l'esprit de rancœur
18. l'esprit de convoitise

19. l'esprit de haine

20. l'esprit de division

Il y a beaucoup de mauvais esprits dans l'église et ils occupent les pensées et les cœurs des chrétiens et influencent leur comportement. La présence des scissions et des luttes intestines dans église sont les preuves de l'œuvre des démons dans l'Église de Jésus-Christ. Une autre vision racontée par Rick Joyner, illustre clairement cette grande vérité. Il décrit comment les démons utilisent les chrétiens pour faire des ravages au sein de l'église. Des chrétiens auto-justifiés et convenables sont fréquemment utilisés comme agents de démons.

Au fur et à mesure que vous lirez cette vision, vous reconnaîtrez plusieurs de ces principes que j'ai partagés dans les chapitres précédents.

- *Vous remarquerez que les démons opèrent par groupes et en équipe.*
- *Vous verrez aussi comment votre coopération avec les démons leur donne un pouvoir sur votre vie.*
- *Vous réaliserez que les démons nous manipulent par la puissance de la tromperie.*

Les chrétiens sont trompés en pensant que leurs critiques et les jugements sont justifiés. Grâce à cette ruse, les démons font des ravages dans les églises partout dans le monde. J'ai souligné certaines parties importantes afin que vous ne les manquiez pas.

La vision des démons dans l'église

L'armée démoniaque était si vaste qu'elle s'étendait aussi loin que je pouvais voir. Elle était séparée en divisions, chacune portant une bannière différente. Les divisions constituant l'avant-garde marchaient sous la bannière de l'Orgueil, l'Autosatisfaction, la Respectabilité, l'Ambition Egoïste, Le Jugement Injuste, et la Jalousie. Il y avait beaucoup plus de ces divisions maléfiques au delà de la portée de ma vision, mais ceux de la ligne de front de cette horde terrible de l'enfer semblaient être les plus puissants. Le chef de cette armée était l'Accusateur des frères lui-même.

Les armes que transportait cette horde avaient aussi des noms. Les épées s'appelaient Intimidation ; les lances portaient le nom de Trahison et les flèches ont été nommées Accusation, Commérage, Calomnie et Critique. Les scouts et les plus petites divisons de démons avec des noms comme le Rejet, l'Amertume, l'Impatience, la Rancœur et la Convoitise étaient envoyés à l'avant de cette armée pour se préparer à l'attaque principale.

Ces divisions moins importantes et les scouts étaient beaucoup moins nombreux, mais ils n'étaient pas moins puissants que quelques-unes des plus grandes divisions qui suivaient. Elles étaient plus petites que pour des raisons stratégiques. Tout comme Jean Baptiste était un homme simple, mais il avait reçu une onction extraordinaire pour baptiser les masses afin de les préparer pour le Seigneur, ces plus petites divisions démoniaques avaient reçu des pouvoirs maléfiques exceptionnels pour le « baptême des masses » . Un seul démon d'Amertume pouvait semer son poison dans des multitudes de gens, même des races entières ou des cultures. Un démon de la Débauche pouvait s'attacher à un seul artiste, film, ou même de la publicité, et envoyer ce qui ressemblait à des éclairs de secousses électriques pour frapper et « désensibiliser » des grandes groupes de personnes. Tout cela servait à préparer le terrain pour la grande horde maléfique, qui marchait à leur suite.

Cette armée était en marche spécifiquement contre l'église, mais elle attaquait tous ceux qu'elle pouvait. Je savais qu'elle tentait de court-circuiter le plan de Dieu à venir, qui était de faire affluer des masses de gens dans l'église.

La principale stratégie de cette armée était de causer des divisions à tous les niveaux possibles des relations – entre les églises, entre les congrégations et leurs pasteurs, les maris et les épouses, les enfants et les parents, et même entre les enfants. Les scouts étaient envoyés en expédition pour localiser les ouvertures dans les églises, les familles ou les individus qui pourraient être exploitées par le Rejet, l'Amertume, la Convoitise etc., pour les élargir encore plus.

Ensuite, les divisions qui suivaient viendraient se déverser à travers les ouvertures et envahir complètement leurs victimes. La partie la plus choquante de cette vision est que cette horde n'était pas montée sur des chevaux, mais principalement sur des chrétiens ! La plupart d'entre eux étaient bien habillés, respectables, et avaient l'apparence de personnes raffinées et cultivées, mais il semblait également y avoir des représentants de presque toutes les couches de la société.

Ces personnes parlaient de vérités chrétiennes dans le but d'apaiser leur conscience, mais menaient leurs vies en accord avec les puissances des ténèbres. Comme ils s'entendaient avec ces puissances, les démons qui étaient assignés grandissaient et pouvaient diriger plus facilement leurs actions.

Bon nombre de ces croyants étaient les hôtes de plus d'un démon, mais un seul était visiblement au contrôle. La nature de celui qui était le chef déterminait dans quelle division il marchait, Même si les divisions marchaient toutes ensemble, il semblait aussi en même temps, que toute l'armée était au bord du chaos. Par exemple, les démons de la haine, détestaient les autres démons autant que les chrétiens. Les démons de la jalousie étaient tous jaloux les uns des autres. Le seul moyen pour les dirigeants de cette horde d'empêcher les démons de combattre entre eux était de maintenir leur haine, jalousie, etc., centrée sur les personnes sur lesquelles ils étaient montés. Toutefois, des combats pouvaient souvent éclater entre ces personnes. J'ai compris que c'était de cette manière que certaines armées qui s'étaient levées contre Israël dans les Écritures avaient fini par détruire elles-mêmes. Lorsque leur projet à l'encontre d'Israël échouait, leur colère était incontrôlable, et elles commençaient simplement à se battre entre elles.

J'ai remarqué que les démons étaient à cheval sur ces chrétiens, mais ils n'étaient pas en eux comme c'était le cas des non chrétiens. Il était évident qu'il suffisait que ces croyants cessent d'être en accord avec leurs démons pour de se libérer d'eux.

Par exemple, si le chrétien sur lequel un démon de la jalousie était monté commençait à s'interroger sur la jalousie, ce démon s'affaiblissait très rapidement. Lorsque cela se produisait le démon qui s'affaiblissait criait et le chef de la division envoyait tous les démons autour de ce chrétien pour l'attaquer jusqu'à ce que l'amertume, etc., monte à nouveau sur lui. Si cela ne fonctionnait pas, les démons commençaient à citer des passages de la Bible qui ont été corrompus de manière à justifier l'amertume, les accusations, etc.

Il était évident que la puissance des démons était presque totalement enracinée dans la puissance de la tromperie, mais ils avaient tellement trompé les chrétiens au point où ils pouvaient les utiliser et ceux-ci croiraient qu'ils étaient utilisés par Dieu.

Cela en effet, parce que la quasi-totalité des gens portaient les bannières de l'Autojustification afin que ceux qui marchaient ne pouvaient même pas voir les bannières qui marquaient la véritable nature de ces divisions.

Alors que je regardais loin à l'arrière de cette armée, j'ai vu l'entourage de l'Accusateur lui-même. J'ai commencé à comprendre sa stratégie, et j'ai été étonné de voir que c'était si simple. Il savait qu'une maison divisée ne peut résister, et cette armée représentait une tentative pour apporter la division dans l'Église pour la faire tomber complètement en disgrâce. Il était manifeste que la seule façon pour y arriver était d'utiliser les chrétiens pour combattre leurs propres frères, et c'est pour cela que presque tous ceux dans les divisions de l'avant-garde étaient des Chrétiens, ou tout au moins, le prétendaient. Chaque pas que ces croyants trompés accomplissaient en obéissance à l'Accusateur renforçait son pouvoir sur eux. Cela faisait croître son assurance et celle de tous ses commandants pendant que l'armée progressait dans son avance. Il était évident que la puissance de cette armée dépendait de l'accord de ces chrétiens avec les voies du mal.

Chapitre 25

La délivrance a un aspect pratique

Jésus ne le lui permit pas, mais il lui dit : Va ... et raconte-leur tout ce que le Seigneur t'a fait ...

Marc 5:19

Après que le Seigneur vous ait libéré, vous devez faire des ajustements pratiques, sinon les démons reviendront. Vous devez obéir à la Parole de Dieu pratiquement.

Il s'en va, et il prend avec lui sept autres esprits plus méchants que lui ; ils entrent dans la maison, s'y établissent, et la dernière condition de cet homme est pire que la première

Matthieu 12:45

Notez à partir des Écritures que la maison était vide, balayée et propre. Une maison, qui n'est pas remplie de la Parole de Dieu, sera remplie de démons. J'ai vu beaucoup de personnes aller à des séances de délivrance et sans jamais pour autant sembler être libre. C'est parce que nous ignorons une vérité plus que fondamentale du Seigneur.

Vous connaîtrez la vérité, et la vérité vous affranchira.

Jean 8:32

C'est la connaissance de la vérité qui en fait nous libère. Beaucoup de pasteurs essaient d'utiliser l'imposition des mains pour accomplir ce que seule la vérité peut faire. Cependant, aucun d'entre nous n'est plus sage que Dieu. Nous pouvons oindre les gens avec de l'huile un millier de fois, mais cela ne peut pas remplacer la connaissance de la vérité.

Et ne donnez pas accès au diable.

Ephésiens 4:27

Les démons ne peuvent pas avoir accès aux chrétiens à moins que nous leur donnions accès. Les démons reviennent parce qu'ils ont toujours une entrée. Souvent, l'emprise du diable n'est pas détruite et donc les démons continuent de revenir. Qu'y a-t-il dans votre vie qui permette au diable de revenir constamment ? Peut-être que la mauvaise compagnie détruit votre vie. Peut-être que, l'alcool que vous buvez ouvre la porte à l'esprit de mort. Si vous ne prenez pas de dispositions pratiques, votre délivrance des démons ne sera jamais complète.

Jésus a dit à l'homme fou de Gadara d'aller partout raconter à tout le monde ce que le Seigneur avait fait pour lui. La délivrance continue de ce fou était liée à son obéissance à ce commandement. Qu'est ce que le Seigneur vous a demandé de faire ? L'obéissance à cet ordre vous libèrera à jamais des démons.

Chapitre 26

Fortifiez-vous dans le Seigneur

Au reste, FORTIFIEZ-VOUS DANS LE SEIGNEUR, et par sa force toute-puissante. REVÊTEZ-VOUS DE TOUTES LES ARMES DE DIEU, afin de pouvoir tenir ferme contre les ruses du diable.

Ephésiens 6:10-11

Quand j'étais à l'internat, la force physique était un avantage. Si les garçons en deuxième année criaient : « Un petit garçon ! » , nous les plus petits devions tous nous mettre à courir.

Cependant, je me souviens qu'un garçon en Première Année était plus grand et plus fort que le reste d'entre nous. Il a décidé d'ignorer les cris des garçons de Deuxième Année. Ils criaient : « Un petit garçon ! » mais il les ignorait totalement. Vous voyez, il était plus grand et plus fort que la plupart des garçons de deuxième année et il pouvait les battre s'il le voulait.

En observant ce garçon plus âgé et plus fort, j'ai reçu l'instruction : Plus vous êtes fort et moins certaines personnes vous troubleront.

Voilà comment je suis parvenu à comprendre Éphésiens 6:10. J'ai réalisé que si j'étais fort dans le Seigneur, de nombreux problèmes disparaîtraient automatiquement. C'est exactement ce qui s'est passé. Plus je devenais fort spirituellement, et plus certains problèmes s'éloignaient.

Dieu veut que nous soyons forts dans les choses spirituelles. Malheureusement, beaucoup sont forts dans d'autres aspects de la vie. Ils sont performants dans leurs études, ils sont forts dans la vie politique, ils sont forts dans les sports, mais ils ne sont pas forts dans le Seigneur !

Dieu nous demande dans Sa Parole d'être forts. Cela veut dire que nous pouvons être forts ! Il n'a pas dit : « Priez pour demander la force » , il n'a pas dit non plus : « Dieu te fortifiera. » Il a dit : « Soyez forts dans le Seigneur. »

Pendant que vous grandissez dans la force du Seigneur, la plupart des attaques démoniaques dans votre vie perdront leur pouvoir.

Du reste, mon fils, tire instruction de ces choses ; on ne finirait pas, si l'on voulait faire un grand nombre de livres.

Chapitre 27

Revêtez-vous de toutes les armes de Dieu

Au reste, FORTIFIEZ-VOUS DANS LE SEIGNEUR, et par sa force toute-puissante. REVÊTEZ-VOUS DE TOUTES LES ARMES DE DIEU, afin de pouvoir tenir ferme contre les ruses du diable

Ephésiens 6:10-11

Se protéger soi-même contre les attaques de l'ennemi peut être très complexe. Après le 11 Septembre, les États-Unis d'Amérique ont réalisé à quel point ils étaient vulnérables. Une multitude d'attaques auraient pu être lancées contre l'Amérique de n'importe quel angle. Ce fait est aussi valable pour les croyants, et c'est pourquoi nous avons besoin de toutes les armes de Dieu. Plusieurs attaques sont planifiées et lancées contre le croyant à partir de différents angles. Si nous ne revêtons pas toutes les armes de Dieu, nous ne serons pas pleinement protégés contre l'ennemi.

Une prière faite par un prophète ne vous exempte par d'avoir à vous revêtir de votre armure. L'armure vous protège entièrement et il est temps pour les chrétiens de porter l'armure complète. Les différents aspects de l'armure vous empêcheront d'être envahi par des démons. J'ai eu il y a quelques années une expérience qui a fixé éternellement ce fait dans mon esprit.

La jeune fille possédée par des démons

Je me souviens d'une jeune fille qui était possédée par des démons. Elle pouvait se lever pendant la prédication du dirigeant et interrompre le culte avec de longues prophéties. Elle pouvait même ordonner au prêtre catholique d'arrêter le partage de la communion pour prophétiser et demander à la congrégation entière de se mettre à genoux et se tenir debout à volonté.

Beaucoup des dirigeants étaient inexpérimentés, et ne savaient pas quoi faire. Alors ils restaient à l'arrière pendant que cette jeune femme dominait l'ensemble du service. On m'a parlé de cette jeune dame qui contrôlait les réunions, mais je ne l'avais jamais vue moi-même.

Un jour, cependant, j'étais dans un culte au cours duquel les démons se sont manifestés. Cette jeune femme s'est levée et a pris le contrôle de la réunion avec ses prophéties tout comme cela m'avait été décrit. Je me suis levé de mon siège, et avec l'aide de deux frères, nous l'avons escortée dans le sous-sol de l'immeuble. Je savais qu'un esprit malin contrôlait cette jeune femme. Dès que nous sommes arrivés au sous-sol, elle a écarquillé les yeux, m'a fixé droit dans les yeux en disant « N'éteins pas l'Esprit » . Je pouvais presque voir les démons danser dans ses yeux. Cela m'a presque déstabilisé au point où je me suis demandé : « Suis-je en train d'éteindre le Saint-Esprit ? »

Alors j'ai dit : « Toi esprit impur, au nom de Jésus, je t'ordonne d'arrêter tes activités et de sortir de cette fille. » Immédiatement, elle s'est mise à faire toutes sortes de mouvements de contorsions. L'esprit a commencé à se manifester, et à nous parler en utilisant la voix de la jeune fille. Je ne peux pas vous donner tous les détails de cet épisode de délivrance dans ce livre. Cependant, il y a une chose qui m'a frappé.

J'ai demandé à l'esprit démoniaque, « Comment es tu entré dans la vie de cette dame ? L'esprit a répondu : « La ceinture de la vérité était relâchée. » Ce démon avait eu accès à la vie de cette jeune fille parce que l'armure de protection de Dieu était déficiente.

Je ne peux pas vous dire exactement comment la ceinture de cette jeune fille de la vérité s'est desserrée. Ce qui importante est que la défaillance dans l'armure avait ouvert la porte à des mauvais esprits. Notre armure spirituelle est bien décrite dans Éphésiens. Revêtez chaque pièce, et vous serez bénis !

C'est pourquoi, prenez toutes les armes de Dieu, afin de pouvoir résister dans le mauvais jour, et tenir ferme après avoir tout surmonté.

Tenez donc ferme: ayez à vos reins la vérité pour ceinture ; revêtez la cuirasse de la justice ;

Mettez pour chaussure à vos pieds le zèle que donne l'Évangile de paix ;

Prenez par-dessus tout cela le bouclier de la foi, avec lequel vous pourrez éteindre tous les traits enflammés du malin ;

Prenez aussi le casque du salut, et l'épée de l'Esprit, qui est la parole de Dieu.

Faites en tout temps par l'Esprit toutes sortes de prières et de supplications. Veillez à cela avec une entière persévérance, et priez pour tous les saints.

Ephésiens 6:13-18

Du reste, mon fils, tire instruction de ces choses ; on ne finirait pas, si l'on voulait faire un grand nombre de livres.

Chapitre 28

La liberté en Christ

C'est pour la LIBERTÉ QUE CHRIST NOUS A AFFRANCHIS ne vous laissez pas mettre de nouveau sous le joug de la servitude.

Galates 5:1

Vous êtes libre ! Vous êtes libéré des démons d'infériorité ! Vous êtes libéré des démons de l'apitoiement sur soi !

Vous êtes délivré du contrôle des démons de jalousie et d'envie !

Prenez autorité sur l'esprit de dépression !

Vous êtes libre de la puissance de la convoitise !

La puissance de la sorcellerie est brisée !

Liez les démons de découragement dans votre vie.

Vous êtes libéré de l'anxiété !

L'esprit de peur et d'agitation est lié !

Vous êtes réellement libre !

Vous avez vaincu l'esprit d'amertume et de haine !

Vous êtes libre de la puissance et de l'emprise de la tromperie !

Toutes les forteresses d'intimidation sataniques sont renversées !

Amen !

Du reste, mon fils, tire instruction de ces choses ; on ne finirait pas, si l'on voulait faire un grand nombre de livres.

Les livres de

Dag Heward-Mills

1. Loyauté et déloyauté
2. Loyauté et déloyauté - Ceux qui vous accuse
3. Loyauté et déloyauté - Ceux qui sont des fils dangereux
4. Loyauté et déloyauté - Ceux qui sont ignorant
5. Loyauté et déloyauté - Ceux qui oublient
6. Loyauté et déloyauté - Ceux qui vous quittent
7. Loyauté et déloyauté - Ceux qui prétendent
8. La croissance de l'Eglise
9. L'implantation de l'Eglise
10. La méga église (2ème Edition)
11. Recevoir l'onction
12. Etapes menant à l'onction
13. Les douces influences de l'onction
14. Amplifiez votre ministère par les miracles et les manifestations du Saint Esprit
15. Transformer votre ministère pastoral
16. L'art d'être berger
17. L'art de leadership (3ème Edition)
18. L'art de suivre
19. L'art de ministère
20. L'art d'entendre (2ème Edition)
21. Perdre, Souffrir, Sacrifier et Mourir
22. Ce que signifie devenir berger
23. Les dix principales erreurs que font les pasteurs
24. Car on donnera à celui qui a et à celui qui n'a pas on ôtera même ce qu'il a
25. Pourquoi les chrétiens qui ne paient pas la dime deviennent pauvres et comment les chrétiens qui paient la dime peuvent devenir riches.
26. La puissance du sang
27. Anagkazo
28. Dites-leur
29. Comment naître de nouveau et éviter l'enfer
30. Nombreux sont appelés
31. Dangers spirituels
32. La Rétrogradation
33. Nommez-le! Réclamez-le ! Prenez-le !
34. Les démons et comment les affronter
35. Comment prier
36. Formule pour l'humilité
37. Ma fille, tu peux y arriver
38. Comprendre le temps de recueillement
39. Ethique ministérielle (2ème Edition)
40. Laikos

www.ingramcontent.com/pod-product-compliance
Lightning Source LLC
LaVergne TN
LVHW020645100826
845148LV00012B/2345

* 9 7 8 9 9 8 8 8 4 8 7 6 7 *